Notas para uma Definição de Cultura

Coleção Debates
Dirigida por J. Guinsburg

Equipe de Realização – Tradução: Geraldo Gerson de Souza; Revisão: Plinio Martins Filho; Produção: Ricardo W. Neves e Sergio Kon.

t. s. eliot
NOTAS PARA UMA DEFINIÇÃO DE CULTURA

PREFÁCIO DE NELSON ASCHER

Título do original em inglês
Notes Towards the Definition of Culture

Copyright©Faber and Faber Limited

Dados Internacionais de Catalogação na Publicação (CIP)
(Câmara Brasileira do Livro, SP, Brasil)

Eliot, T.S., 1888-1965.
  Notas para uma definição de cultura / T.S. Eliot ; prefácio de Nelson Ascher ; [tradução Geraldo Gerson de Souza]. — São Paulo : Perspectiva, 2013. — (Debates ; 215 / dirigida por J. Guinsburg)

  Título original: Notes towards the definition of culture
  3ª reimpr. da 1. ed. de 1988.
  ISBN 978-85-273-0611-9

  1. Cultura 2. Eliot, T.S., 1888-1965 - Crítica e interpretação 3. Filosofia I. Ascher, Nelson. II. Guinsburg, J. III. Título. IV. Série.

05-2748   CDD-306.01

Índices para catálogo sistemático:
1. Cultura : Filosofia : Sociologia 306.01

1ª edição – 3ª reimpressão
[PPD]

Direitos em língua portuguesa reservados à
EDITORA PERSPECTIVA LTDA.
Av. Brigadeiro Luís Antônio, 3025
01401-000 – São Paulo – SP – Brasil
Telefax: (11) 3885-8388
www.editoraperspectiva.com.br
2019

*A
PHILIP MAIRET
com gratidão e admiração*

SUMÁRIO

O Conservadorismo de Eliot 9
Prefácio à Edição de 1962 19
Prefácio à Primeira Edição 21
Introdução 23
1. Os Três Sentidos de "Cultura" 33
2. A Classe e as Elites 49
3. Unidade e Diversidade: A Região 67
4. Unidade e Diversidade: Seita e Culto 87
5. Uma Nota Sobre Cultura e Política 105
6. Notas Sobre a Educação e Cultura: e Conclusão 119
APÊNDICE: A Unidade da Cultura Européia 137

O CONSERVADORISMO DE ELIOT

Depois das quase infinitas reavaliações a que a sujeita cada nova vertente crítica, a poesia de T. S. Eliot parece ter seu lugar assegurado entre os pontos culminantes da imaginação criativa deste século. Embora as opiniões se dividam a respeito de quais sejam seus melhores poemas – os radicais da juventude ou os elaboradamente meditativos da meia idade –, é certo que a revolução representada por *Prufrock* (1917), *Poems* (1920), *The Waste Land* (1922) e *The Hollow Men* (1925) marcou um indiscutível ponto de inflexão na curva da poesia de língua inglesa e, sendo esta particularmente influente, abriu também vários caminhos inovadores para a arte poética ocidental. *Not with a bang but a whimper*, não com um estrondo, mas com uma espécie de lamúria silenciosa, Eliot tornou corriqueiras comparações estranhas como a de um fim de tarde com um paciente anestesiado sobre a mesa (de operação), habituou ouvidos sequiosos de cadências melodiosas aos ritmos ásperos da fala, frustrou as expectativas dos que viam na poesia um divertimento fácil, minando-a com citações eruditas e requerendo, devido a sua sintaxe elíptica, uma atenção exaustiva. Se *The Waste Land* é sua obra mais famosa dessa fase, *The Hollow Men* é o poema que expressa de modo mais conciso, discretamente alusivo e desesperado, a visão de mundo do poeta jovem.

Journey of the Magi (1927) já reverbera um pensamento diferente, um pensamento que, buscando esperanças (segundo a declaração famosa) na igreja anglicana, na monarquia britânica e no classicismo artístico, atingiria sua mais ambiciosa materialização poética em *Four Quartets* (concluídos em 1942), e conquistaria para seu autor as mais variadas antipatias. Não que Eliot não estivesse acostumado a ataques. Seu programa estético, tão anticonvencional quanto o dos dadaístas e surrealistas (mas mais realizado que o deles), rendeu-lhe a desaprovação e desconfiança dos meios literários tradicionalistas. Sucede que, ao tomar essas posições que manteria até o fim da vida, Eliot rompeu certo pacto tácito de acordo com o qual inconformismo artístico e progressismo social e político deveriam desenvolver-se paralelamente, endossando, de modo involuntário, aqueles que, como o Lukács stalinista, gostariam de ver simplisticamente correlacionados modernismo literário e política reacionária. Com isso ele criou um problema, posteriormente agravado pela adesão de seu amigo Ezra Pound ao fascismo italiano, que está longe de ter sido adequadamente discutido. Sua prosa crítica oferece problemas semelhantes, demandando uma discussão própria.

Tais problemas não estão contidos tanto em sua crítica literária – cuja contribuição para o desvelamento do fenômeno poético foi capital e cuja influência continua forte o bastante para levar um ensaísta como George

Steiner a afirmar que Eliot teria sido provavelmente o último dos grandes críticos a não lançar mão das descobertas da lingüística moderna – quanto em seus escritos mais genericamente voltados para a crítica social. Estes compõem uma parte apenas minoritária do conjunto de sua prosa, sendo que seu texto central, onde suas preocupações sociais e, até certo ponto, políticas aparecem mais claramente delineadas, é precisamente *Notes Towards the Definition of Culture*, publicado originalmente em 1948, ano em que seu autor recebeu o Prêmio Nobel de Literatura. Não se trata, seguramente, do melhor livro do poeta, nem tampouco pode ser considerado uma obra-prima – ou, ao menos, um apanhado abrangente e elucidativo – do ideário conservador. Ainda assim, é um volume imprescindível. Há várias razões para tanto. Em primeiro lugar, trata-se de uma tentativa de definição do conceito de cultura realizada por alguém que contribuiu de fato – e positivamente – para a cultura. Em segundo, porque procura ensaiar as bases teóricas mais amplas de toda uma obra – poética, ensaística, dramática – cuja complexidade segue aberta e convidativa a uma série infindável de exegeses. Finalmente, porque vários tópicos – não necessariamente aqueles que o autor julgava os mais relevantes – desenvolvidos no livro são defensáveis e merecem ser levados em consideração.

Convém, contudo, situar T. S. Eliot no âmbito do pensamento político e social contemporâneo. A um tal exercício, de resultados forçosamente provisórios, subjazem riscos inevitáveis, entre os quais o mais grave é, sem dúvida, a tentação de reduzir a poesia à mera formulação de um rol pré-determinado de "idéias". Essa tentatação costuma ser agravada pelo hábito que certas vertentes interpretativas sociologicamente orientadas possuem de "descobrir", implícitas em cada poema, aquelas mesmas "idéias" que já haviam sido, de forma mais ou menos feliz, explicitadas na prosa, sobretudo a de caráter mais efêmero, do poeta. No caso específico do escritor anglo-americano, tal atitude implicaria uma redução simplificadora de sua poesia ao seu posicionamento ideológico (deduzido, freqüentemente, das formulações empobrecidas que Eliot lhe dava em declarações intempestivas), ao invés da leitura mais nuançada que a própria riqueza da poesia permitiria realizar dos referidos posicionamentos. Ler uma das poesias mais densas do século como se fosse a manifestação ataviada de uma mentalidade autodefinida como conservadora em política, classicista em literatura e anglo-católica em religião, é muito mais fácil do que interpretar, na arquitetura e nas filigranas dos *Four Quartets*, o sentido e a verdade de cada uma dessas tomadas de posição. Mas nem sempre a melhor crítica segue os atalhos do menor esforço.

A evolução do pensamento eliotiano percorreu caminhos e descaminhos inusitados. Descendente de uma família unitarista da classe média alta da Nova Inglaterra radicada no Estado sulista de Missouri, Eliot desdenhou desde cedo a seita da qual seu avô paterno havia sido pastor (uma seita que, sob um ponto de vista ortodoxo, pode ser considerada herética por rejeitar o dogma da encarnação de Cristo) e, ainda criança, chegou a simpatizar com o catolicismo romano. Nos seus anos de pós-graduando em filosofia, estudou o sânscrito e interessou-se pelo budismo, fato que transparece em *The Waste Land*. Por outro lado, já durante sua estada na França, no período imediatamente anterior à Primeira Guerra, manifestara interesse pelas idéias de Charles Maurras, um anti-Dreyfusard, anti-semita e, posteriormente, pró-fascista. Contudo, a grande virada que, no final dos anos 20, marcaria a direção definitiva de seu pensamento e de sua vida foi, para todos os efeitos, menos radical, consistindo na adoção da cidadania britânica e na conversão ao anglicanismo. Cabe observar que essas foram atitudes conscientes e longamente pensadas de um norte-americano voluntariamente exilado na Europa e que elas se originaram não só nas angústias individuais do poeta, como também em uma longa reflexão acerca dos destinos da cultura ocidental.

Segundo o crítico Northrop Frye, tal reflexão teria levado Eliot a uma teoria do "declínio" dessa cultura:

> De acordo com esta, o ápice da civilização foi alcançado na Idade Média, quando a sociedade, a religião e as artes expressavam um conjunto comum de critérios e valores. Isso não quer dizer que as condições de vida eram melhores então – um item cuja importância deveria ser minimizada – mas que a síntese cultural da Idade Média simboliza um ideal de comunidade européia. Toda a história posterior representa uma degenerescência desse ideal. O cristianismo se decompõe em nações, a Igreja em heresias e seitas, o conhecimento em especializações, e o fim do processo é o que o escritor está pesarosamente observando em seu próprio tempo "a desintegração da cristandade, a deterioração de uma crença comum e de uma cultura comum".
>
> Essa visão, embora sustentada tão à esquerda quanto estava William Morris, é mais congenial a apologistas católicos tais como Chesterton, e a críticos literários como Ezra Pound, cujo conceito de "usura" resume boa parte de sua demonologia. A crítica social de Eliot, e muito de sua crítica literária, enquadra-se nesse esquema. Ele, uniformemente, opõe-se a teorias do progresso que recorrem à autoridade da evolução, e despreza escritores que, como H. G. Wells, tentam popularizar um ponto de vista progressista. A "desintegração" da Europa começou pouco depois da época de Dante; uma "redução" de todos os aspectos da cultura tem atormentado a Inglaterra desde a rainha Anne; o século XIX foi uma era de progressiva "degradação"; nos últimos cinqüenta anos as provas do "declínio" são visíveis em cada setor da atividade humana. Eliot adota também o recurso retórico, presente em Newman e outros, de afirmar que "Há duas e apenas duas hipóteses sustentáveis a respeito da vida: a católica e a materialista". O que quer que não seja uma das duas, incluindo o protestantismo, os princípios dos *whigs*, o liberalismo e o humanismo, está no meio, e forma conseqüentemente uma série de nauseantes hesitações de transição, cada uma pior que a anterior (Northrop Frye, *T. S. Eliot – An Introduction*).

E a definição que o poeta Stephen Spender dá ao reacionarismo de Eliot não destoa da de Frye:

> Eliot era, no sentido mais rigoroso do termo, um "reacionário". Ele reagiu contra o não-conformismo, o liberalismo, as idéias de progresso e de perfectibilidade do homem. Melhor é

13

considerar o homem como vil e caído do que deixá-lo ouvir a voz de sua própria consciência e julgar-se segundo seus próprios critérios humanos.

Ele era um reacionário também no promover sua idéia da Europa da Idade Média, na qual havia unidade de crença nos valores compartilhados por toda a sociedade, em detrimento do ocidente moderno, com suas metas e valores fragmentados. Contudo, apesar de ter pontos de vista morais e religiosos que eram medievalistas, ele não tinha nostalgia por esse passado (Stephen Spender, *Eliot*).

Em face das evidências desenterradas pela historiografia, seria difícil, mesmo para o mais empedernido conservador (que tivesse, entenda-se bem, a integridade e a inteligência de Eliot), sustentar hoje uma imagem tão idílica da Idade Média européia. Contudo, apesar do próprio Eliot, sua crença acabou adquirindo, em seus poemas e ensaios, uma função heurística, tornando-se uma hipótese de trabalho que, por contraste, permitia-lhe observar seu próprio mundo. A produtividade desse "método" atinge o máximo nos melhores poemas, diminuindo à medida que os temas de sua prosa se tornam mais e mais genéricos. O decréscimo da produtividade não é, no entanto, contínuo, pois varia de acordo com o meio de expressão em que o "método" é empregado, e segundo a capacidade do autor em cada momento durante a elaboração de seus trabalhos. Assim, sua visão da história enquanto declínio não o impede de observar, num ensaio de juventude, *Tradition and the Individual Talent* (1919), que cada nova obra relevante altera a configuração de toda uma tradição, ou seja, que não só o passado determina o presente, mas que o inverso também ocorre. O papel da tradição na sua poesia e crítica literária é assumido, em seus escritos sociais, pela história, com a diferença de que esta aparece como uma construção na qual o autor acredita.

Ao contrário de tantos que projetaram suas utopias redentoras no futuro, Eliot imaginou a sua no passado, descartando-se, de passagem, de suas eventuais funções consoladoras e aceitando a carga de carregar uma imagem negra do presente. Foi isso que lhe permitiu elaborar uma visão devastadora de seu mundo, que conseguiu formular com maior ou menor sucesso em diferentes partes de sua obra. A despeito de inúmeras descontinuidades, essa visão aparece tanto em *The Waste Land* quanto em *Notes Towards the Definition of Culture*. Pondo de lado o conjunto de valores que lhe serviram de instrumento para o diagnóstico do paciente, o quadro que surge é suficientemente aterrador para induzir à reflexão, e se peca por algo – conforme notou George Steiner – é pela omissão. Afinal, dificilmente se pode aceitar que um livro voltado para a idéia de cultura e sua decadência deixe de fazer qualquer referência a tudo o que, durante a Segunda Guerra, ocorreu com as populações européias. Talvez seja esse seu principal ponto cego. Para muitos, outra de suas falhas graves será o completo desprezo que o autor manifesta pelas concepções que mostram a cultura e a civilização como entidades profundamente clivadas por conflitos internos, derivados de interesses antagônicos. Conceda-se, entretanto, a uma análise conservadora o mérito de procurar nessas entidades algum tipo de unidade ou de continuidade, procura habitualmente relegada ao esquecimento pelos que vêem no conflito o único móvel da história.

O livro é passível de crítica mais dura no que diz respeito aos seus desníveis, seus altos e baixos. No que tem de melhor, ele consegue oferecer um conceito de cultura mais compreensivo que o da média de conservadores e progressistas, definindo também com agudeza as relações entre culturas regionais e as centrais, bem como destas todas com unidades culturais maiores, entremostrando-se, no geral, menos elitista que exigente. No que tem de pior, desce ao nível de um panfleto político e a um fraseado dogmático. Essas características decorrem do modo como o livro foi elaborado, ou seja, como uma tentativa – a última do poeta – de conciliar várias idéias, formuladas em distintos planos de abstração e nem sempre exaustivamente trabalhadas, num conjunto que pende para a heterogeneidade (cujo caráter está expresso no termo *notes* do título original). O saldo positivo do livro é a análise devastadora que revela, mais que um encadeamento causal, a desolação de uma realidade com a qual Eliot nunca fez as pazes. Como observa o estudioso Raymond Williams, num ensaio sobre o poeta:

A desolação, que é um tipo de disciplina, é inteiramente salutar: o "Novo Conservadorismo", ora em moda, tem sido muito indulgente. Se Eliot, quando lido atentamente, tem o efeito de refrear as complacências do liberalismo, ele tem também, quando lido criticamente, o efeito de tornar impossível o conservadorismo complacente. O próximo passo, ao se pensar sobre esses assuntos, deve ser dado numa direção diferente, pois Eliot fechou quase todos os caminhos existentes (Raymond Williams, *Culture and Society*).

Nelson Ascher

Definition: 1. The settin of bounds; limitation
(rare) – 1483
— *Oxford English Dictionary*

PREFÁCIO À EDIÇÃO DE 1962

Estas *Notas* começaram a tomar forma por volta do fim da Segunda Guerra Mundial. Quando me foi sugerido reeditá-las em brochura, reli-as pela primeira vez depois de alguns anos, esperando ter que reconsiderar algumas das opiniões nelas expressas. Para surpresa minha, descobri que não tinha nada a subtrair, e nada havia que estivesse disposto a acrescentar. Uma nota, à p. 91, reescrevi: pode ser ainda que tenha tentado dizer muita coisa de forma resumida demais, e o conceito necessita de uma elaboração melhor. Aqui e acolá tentei melhorar uma frase sem alterar-lhe o sentido. A um amigo, o falecido Richard Jennings, devo a correção de uma ortografia que conduz a uma falsa etimologia (*autarchy* corrigida para *autarky* na p. 145).

Ultimamente, tive oportunidade de rever minha crítica literária através de mais de quarenta anos e examinar os desenvolvimentos e mudanças de opinião, e tenciono um dia submeter minha crítica social ao mesmo exame. Pois, à medida que um homem amadurece e adquire maior experiência do mundo, cabe esperar que os anos tragam mudanças ainda maiores em sua visão dos problemas sociais e políticos do que em seus gostos e opiniões no campo da literatura. Hoje, por exemplo, não me intitularia um "realista" *tout court*, como fiz uma vez; diria que sou a favor de manter a monarquia em todo país em que ainda exista uma monarquia. Porém essa questão, assim como outras sobre as quais meus pontos de vista ou meu modo de expressá-los tenham mudado ou se desenvolvido, não é abordada no presente ensaio.

T.S.E.
Outubro de 1961

PREFÁCIO À PRIMEIRA EDIÇÃO

Este ensaio foi iniciado quatro ou cinco anos atrás. Um esboço preliminar, sob o mesmo título, foi publicado em três números sucessivos do *The New English Weekly*. A partir desse esboço tomou forma um trabalho intitulado "Cultural Forces in the Human Order", publicado no volume *Prospect for Christendom*, editado por Maurice B. Reckitt (Faber, 1945); uma revisão desse trabalho constitui o primeiro capítulo deste livro. O segundo capítulo é revisão de uma artigo publicado no *The New English Review*, em outubro de 1945.

Incorporei, na forma de apêndice, o texto em inglês de três palestras radiofônicas para a Alemanha, impressas sob o título *Die Einheit der Europaeischen Kultur* (Carl Habel Verlagsbuchhandlung, Berlim, 1946).

Ao longo deste estudo, reconheço uma dívida especial para com os escritos do Cônego V. A. Demant, de Christopher Dawson e do falecido Prof. Karl Mannheim. É sumamente necessário reconhecer esta dívida em geral, já que não me referi, em meu texto, aos dois primeiros escritores, e para com o terceiro a minha dívida é muito maior do que aparenta o contexto em que discuto sua teoria.

Aproveitei-me também da leitura de um artigo de Dwight Macdonald em *Politics* (New York), de fevereiro de 1944, intitulado "A Theory of 'Popular Culture'"; e de uma crítica anônima desse artigo na edição de novembro de 1946 do mesmo periódico. A teoria de Macdonald surpreende-me como a melhor *alternativa* à minha própria que eu vi.

T.S.E.

Janeiro de 1948

INTRODUÇÃO

> *Acho que nossos estudos devem ser tudo menos despropositados. Querem ser realizados com pureza como a Matemática.*
>
> ACTON

Meu propósito, ao escrever os capítulos que seguem, não é, como poderia parecer a um exame ocasional do índice, delinear uma filosofia política ou social; nem pretendo que o livro seja simplesmente um veículo de minhas observações sobre vários tópicos. Meu objetivo é ajudar a definir uma palavra, a palavra *cultura*.

Assim como uma doutrina só precisa ser definida após o aparecimento de alguma heresia, também uma palavra não necessita desse cuidado até que tenha sido mal empregada. Tenho observado com crescente ansiedade a carreira desse vocábulo *cultura*, nos últimos seis ou sete anos. Podemos achar natural, e significativo, que durante um período de destrutividade sem paralelo essa palavra devesse assumir um papel importante no vocabulário jornalístico. Sua atuação, naturalmente, é compartilhada pela palavra *civilização*. Neste ensaio, não tentei de maneira nenhuma determinar a fronteira entre os significados desses dois termos – pois cheguei à conclusão de que qualquer tentativa nesse sentido somente poderia produzir uma distinção artificial, peculiar ao livro, que o leitor teria dificuldade em reter; e que, fechado o livro, abandonaria com uma sensação de alívio. Usamos uma das palavras, com bastante freqüência, num contexto onde a outra se teria saído igualmente bem; existem outros contextos onde uma palavra obviamente se encaixa e a outra, não; e não creio que isso deva causar embaraço. Já existem obstáculos inevitáveis em demasia, nesta discussão, sem levantarmos outros desnecessários.

Em agosto de 1945, foi publicado o texto de um esboço de constituição para uma "Organização Educacional, Cultural e Científica das Nações Unidas" (UNESCO). A finalidade dessa organização era definida no artigo I como segue:

1. Desenvolver e manter o entendimento mútuo e a consideração da vida e da cultura, das artes, das humanidades e das ciências dos povos do mundo como base para uma efetiva organização internacional e paz mundial.

2. Cooperar na ampliação e na extensão a todos os povos, a serviço das necessidades humanas comuns, de todo o cabedal de conhecimento e cultura do mundo, e na garantia de sua contribuição para a estabilidade econômica, a segurança política e o bem-estar geral dos povos do mundo.

No momento, não estou preocupado em extrair um significado dessas sentenças; cito-as apenas a fim de chamar atenção para a palavra *cultura* e sugerir que, antes de influenciar tais resoluções, deveríamos tentar descobrir o que significa essa palavra. Este é apenas um dos inúmeros casos que poderíamos citar, em que é usada uma palavra sem que ninguém se preocupe em examinar. Em geral, a palavra é empregada de duas maneiras: por uma espécie de sinédoque, quando quem fala tem em mente um dos elementos ou evidências de cultura – tal como "arte"; – ou, como na passagem acima citada, como uma forma de estimulante – ou anestésico – emocional[1].

No começo do primeiro capítulo, esforcei-me por distinguir e relacionar os três principais usos da palavra; e por deixar claro que, ao usarmos o termo numa dessas

---

1. O uso da palavra *cultura*, por aqueles que, segundo me parece, não ponderaram profundamente sobre o significado da palavra antes de empregá-la, pode ser ilustrado por inúmeros exemplos. Uma outra passagem pode ser suficiente. Cito-a do *Times Educational Supplement*, de 5 de novembro de 1945 (p. 522):
"Por que deveríamos introduzir em nosso esquema de colaboração internacional mecanismos referentes à educação e à cultura?" Era essa a pergunta que se fazia o Primeiro-Ministro quando falava aos delegados de quase 40 nações presentes à Conferência das Nações Unidas com o intuito de estabelecer uma Organização Educacional e Cultural em Londres, na quinta-feira à noite, apresentando-lhes as saudações do Governo de Sua Majestade... O Sr. Attlee concluía com um argumento: se temos de conhecer nossos vizinhos, devemos compreender sua cultura, através de seus livros, jornais, rádios e filmes.
O ministro da Educação comprometeu-se ao seguinte:
"Agora estamos todos juntos: trabalhadores da educação, da pesquisa científica, dos variados campos da cultura. Representamos aqueles que ensinam, aqueles que descobrem, aqueles que escrevem, aqueles que expressam sua inspiração na música e na arte... Finalmente temos cultura. Alguns podem argüir que o artista, o músico, o escritor, todos os criadores nas humanidades e nas artes não podem organizar-se nacional ou internacionalmente. O artista, já o disseram, trabalha para agradar a si mesmo. Isso pode ter sido um argumento defensável antes da guerra. Mas aqueles de nós que se recordam da luta no Extremo Oriente e na Europa nos dias que antecederam a guerra aberta sabem o quanto a luta contra o fascismo dependeu da determinação de escritores e artistas em manterem seus con-

três maneiras, deveríamos ter consciência das outras. Tento então mostrar a relação essencial entre cultura e religião, e tornar claras as limitações da palavra *relação* como expressão dessa "relação". A primeira afirmação importante é que nenhuma cultura apareceu ou se desenvolveu a não ser em conjunto com uma religião; segundo o ponto de vista do observador, a cultura parecerá ser o produto da religião; ou a religião, o produto da cultura.

Nos três capítulos seguintes, discuto o que me parecem ser três condições importantes para a cultura. A primeira é uma estrutura orgânica (não apenas planejada, mas em crescimento), que alimentava a transmissão hereditária de cultura dentro de uma cultura; e isso requer a persistência das classes sociais. A segunda é a necessidade de que uma cultura seja decomponível, geograficamente, em culturas locais: isso levanta o problema do "regionalismo". A terceira é o equilíbrio entre unidade e diversidade na religião – isto é, universalidade de doutrina com particularidade e culto e devoção. O leitor deve ter em mente que não estou pretendendo explicar todas as condições necessárias para o florescimento de uma cultura; discuto três que especialmente me chamaram a atenção[2]. Ele deve também lembrar-se

---

tatos internacionais que podiam estabelecer através das barreiras fronteiriças que se erguiam rapidamente."

É oportuno acrescentar que, quando se falam tolices sobre cultura, não há escolha entre políticos de uma corrente ou de outra. Tivesse a eleição de 1945 levado ao poder o partido alternativo, teríamos ouvido o mesmo pronunciamento nas mesmas circunstâncias. A atividade política é incompatível com uma atenção estrita aos significados exatos em todas as ocasiões. O leitor, portanto, deve abster-se de ridicularizar o Sr. Attlee ou a falecida Miss Wilkinson.

2. Num suplemento ilustrativo ao *Christian News-Letter* de 24 de julho de 1946, Marjorie Reeves apresenta um parágrafo muito sugestivo sobre "A Cultura de uma Indústria". Embora tenha ampliado de algum modo seu significado, o que ela diz condiria com meu próprio modo de usar a palavra "cultura". Diz ela, da cultura de uma indústria, o que acredita dever ser apresentado totalmente ao jovem operário: "inclui a geografia de suas matérias-primas e mercados finais, sua evolução histórica,

de que aquilo que ofereço não é um conjunto de instruções para fabricar uma cultura. Não digo que, ao começar a produzir essas condições, ou algumas outras adicionais, possamos esperar seguramente melhorar nossa civilização. Digo apenas que, até onde vão minhas observações, é improvável que haja uma civilização de alto nível onde estejam ausentes tais condições.

Os dois capítulos restantes fazem uma leve tentativa de desembaraçar a cultura da política e da educação.

Ouso dizer que alguns leitores irão tirar deduções políticas desta discussão; o mais provável é que determinadas mentes lerão em meu texto a confirmação ou o repúdio de suas próprias convicções e preconceitos políticos. O próprio autor não está isento de convicções e preconceitos políticos; mas impô-los não faz parte de suas intenções atuais. O que tento dizer é isto: aqui estão o que acredito serem as condições essenciais para o crescimento e a sobrevivência da cultura. Se elas conflitarem com alguma convicção arraigada do leitor – se, por exemplo, ele achar chocante que cultura e igualitarismo devam bater-se, se lhe parecer monstruoso que qualquer um deva ter "trunfos de nascença" – não peço a ele que modifique sua convicção, apenas que pare de tagarelar sobre cultura. Se o leitor disser: "o estado de coisas que desejo organizar é *correto* (ou é *justo*[3], ou

---

invenções e cabedal científico, sua economia e assim por diante". Inclui tudo isso, certamente; mas uma indústria, se quer cativar o interesse de mais do que a mente consciente do operário, deveria ter um modo de vida algo peculiar aos seus iniciados, com suas próprias formas de festividade e observâncias. Menciono esse interessante lembrete da cultura de indústria, contudo, como evidência de que tenho consciência de outros núcleos de cultura além dos discutidos nesse livro.

3. Devo introduzir aqui um parênteses, num protesto contra o mau emprego correntemente do termo "justiça social". Do significado "justiça nas relações entre grupos ou classes", pode-se escorregar para outro significado: a presunção particular de como deveriam ser tais relações; e pode-se apoiar um curso de ação porque representava o objetivo de "justiça social", que não era correto do ponto de vista da "justiça". O termo "justiça social" corre o risco de perder seu conteúdo racional – que seria substituído por uma forte carga emocional. Acho que eu mesmo usei o

é *inevitável*); e se isso deve levar a uma deterioração ulterior da cultura, devemos aceitar essa deterioração" – então não posso me desavir com ele. Poderia até, em certas circunstâncias, sentir-me obrigado a apoiá-lo. O efeito de uma tal onda de honestidade seria que a palavra *cultura* deixaria de ser mal empregada, deixaria de aparecer em contextos a que não pertence; e resgatar essa palavra é o máximo de minha ambição.

Do modo como estão as coisas, para alguém que defenda alguma mudança social, ou alguma alteração de nosso sistema político, ou alguma expansão da educação pública, ou algum desenvolvimento do serviço social, é normal que com confiança que isso levará à melhora e ao aumento de cultura. Às vezes a cultura, ou civilização, é posta em primeiro plano, e nos é dito que aquilo que necessitamos, devemos ter e obteremos, é uma "nova civilização". Em 1944, li um simpósio no *The Sunday Times* (31 de novembro) onde o Prof. Harold Laski, ou seu redator, afirmava que lutamos a guerra passada por uma "nova civilização". Laski afirmou pelo menos isto:

> Se concordamos em que aqueles que procuram reconstruir o que o Sr. Churchill gosta de chamar a Grã-Bretanha "tradicional" não têm esperanças de cumprir esse objetivo, segue-se que deve ser uma nova Grã-Bretanha numa nova civilização.

Poderíamos resmungar "não concordamos", mas seria fugir ao meu desígnio. Laski tem razão até o seguinte ponto: *se* perdermos algo de modo absoluto e irreparável, deveremos arranjar-nos sem ele; mas acho que ele quis dizer algo mais do que isso.

Laski está, ou estava convencido de que as mudanças sociais e políticas específicas que ele deseja intro-

---

termo: nunca deveria ser empregado a menos que o usuário estivesse preparado para definir com clareza o que significa para ele a justiça social, e por que ele a acha justa.

duzir, e que acredita serem vantajosas para a sociedade, irão, por serem tão radicais, resultar numa nova civilização. Isso é bastante concebível: o que não temos justificativa para concluir, com respeito às suas ou quaisquer outras mudanças na estrutura social que alguém defende, é que a "nova civilização" seja em si desejável. Por outro lado, não podemos ter idéia de como será a nova civilização: tantas outras causas atuam, além daquelas que podemos ter em mente, e tão incalculáveis são os efeitos de todas elas em conjunto, que não podemos imaginar como nos *sentiríamos* vivendo nessa nova civilização. Por outro lado, as pessoas que viverem nessa nova civilização serão, pelo fato de pertencerem a ela, diferentes de nós, e igualmente diferentes de Laski. Toda mudança que fazemos tende a produzir uma nova civilização, de cuja natureza somos ignorantes, e na qual deveríamos todos ser infelizes. Na verdade uma nova civilização se está formando o tempo todo: a civilização de nossos dias pareceria realmente novíssima a qualquer homem civilizado do século XVIII, e não posso imaginar o reformador mais ardente ou radical daquela época muito satisfeito com a civilização que veria hoje. Tudo o que um cuidado com a civilização pode levar-nos a fazer é aperfeiçoar a civilização que temos hoje, pois não podemos conceber outra. Por outro lado, sempre houve pessoas que acreditaram serem certas mudanças positivas em si mesmas, sem se preocuparem com o futuro da civilização, e sem acharem necessário recomendar suas inovações pelo brilho especioso de promessas sem sentido.

Sempre está sendo feita uma nova civilização: o estado de coisas que desfrutamos hoje ilustra o que acontece às aspirações de cada época por uma era melhor. A questão mais importante que podemos colocar é se existe algum padrão permanente pelo qual possamos comparar uma civilização com outra, e pelo qual possamos arriscar um palpite sobre a melhora ou o declínio da nossa. Temos que admitir, ao comparar uma civilização com outra, e ao comparar os diversos estágios da nossa, que nenhuma sociedade em nenhum período compreende todos os valores da civilização. Nem todos esses valores podem ser mutuamente compatíveis: o que ao menos é igualmente certo é que, ao captarmos alguns, perdemos a noção de outros. Não obstante, podemos distinguir entre culturas superiores e inferiores; podemos distinguir entre avanço e retrocesso. Podemos afirmar com certa segurança que o nosso período é de declínio; que os padrões de cultura são mais baixos do que eram cinqüenta anos atrás; e que as evidências desse declínio são visíveis em cada departamento da atividade humana[4]. Não vejo razão por que a decadência da cultura não devesse ir muito mais longe, nem por que não possamos prever um período, de alguma duração, do qual se pudesse dizer que *não tem* cultura. Então, a cultura terá de recomeçar do zero; e quando digo que terá de recomeçar do zero, não quero dizer com isso que será criada por alguma atividade de demagogos políticos. A questão levantada por este ensaio é se existem algumas condições permanentes, em cuja ausência não se possa esperar uma cultura superior.

Se conseguirmos, mesmo parcialmente, responder a essa questão, deveremos então nos pôr em guarda contra a ilusão de tentar realizar essas condições *a fim de* melhorar nossa cultura. Pois, se deste estudo resultarem algumas conclusões definidas, uma delas será certamente que a cultura é algo que não podemos visar deliberadamente. É o produto de uma miríade de atividades mais ou menos harmônicas, cada qual exercida por sua própria finalidade: o artista deve concentrar-se em sua tela, o poeta em sua máquina de escrever, o servidor público

---

4. Para uma confirmação, de um ponto de vista muito diferente daquele a partir do qual foi escrito este ensaio, ver *Our Threatened Values* de Victor Gollancz (1946).

na correta resolução de problemas particulares à medida que caem sobre sua mesa, cada um de acordo com a situação em que se encontra. Mesmo que essas condições com que me preocupo pareçam ao leitor representar metas sociais desejáveis, não deve ele saltar à conclusão de que essas metas podem ser atingidas unicamente através de organização deliberada. Uma divisão da sociedade em classes, planejada por uma autoridade absoluta, seria artificial e intolerável; uma descentralização sob um comando central seria uma contradição; uma unidade eclesiástica não pode ser imposta na esperança de trazer unidade de fé, e uma diversidade religiosa cultivada por si só seria absurda. O ponto ao qual podemos chegar é o reconhecimento de que essas condições de cultura são "naturais" aos seres humanos; que, embora pouco possamos fazer para encorajá-las, podemos combater os erros intelectuais e os preconceitos emocionais que se lhe deparam no caminho. Quanto ao restante, deveríamos buscar o aperfeiçoamento da sociedade, do mesmo modo que procuramos o nosso individualmente, em detalhes relativamente diminutos. Não podemos dizer: "Vou tornar-me uma pessoa diferente"; podemos apenas dizer: "Vou largar este mau hábito, e esforçar-me por adquirir este bom". Assim, da sociedade podemos dizer apenas: "Tentaremos melhorá-la neste aspecto ou naquele, onde é evidente um excesso ou falha; devemos tentar ao mesmo tempo ter uma visão tão ampla que possamos evitar, ao endireitar alguma coisa, fazer estragos noutra". Mesmo isso equivale a expressar uma aspiração maior do que podemos alcançar: pois tanto, ou mais, por aquilo que fazemos pouco a pouco sem entender ou prever as conseqüências, é que a cultura de uma época difere da de sua predecessora.

1. OS TRÊS SENTIDOS DE "CULTURA"

O termo *cultura* tem associações diferentes segundo tenhamos em mente o desenvolvimento de um *indivíduo*, de um *grupo* ou *classe*, de *toda uma sociedade*. Parte da minha tese é que a cultura do indivíduo depende da cultura de um grupo ou classe, e que a cultura do grupo ou classe depende da cultura da sociedade a que pertence este grupo ou classe. Portanto, a cultura da sociedade é que é fundamental, e o significado do termo "cultura" em relação com toda a sociedade é que deveríamos examinar primeiro. Quando se aplica o termo "cultura" à manipulação de organismos inferiores – à obra do bacteriologista, ou do *agri*culturalista – o significado é bastante claro, pois é possível alcançar unanimidade com respeito aos objetivos a atingir, e podemos concordar quando os atingimos ou não. Quando é aplicado à melhoria da mente e do espírito humanos, estamos menos aptos a concordar com o que é a cultura. O próprio termo, com o significado de algo a ser objetivado conscientemente nas questões humanas, não tem uma história muito longa. Como algo a ser realizado por esforço deliberado, a "cultura" é relativamente inteligível quando estamos diante do autodesenvolvimento do indivíduo, cuja cultura é vista contra o *background* cultural do grupo e da sociedade. Também a cultura do grupo tem um significado definido em comparação com a cultura menos desenvolvida da massa da sociedade. Pode-se entender melhor a diferença entre as três aplicações do termo se indagarmos até que ponto, com relação ao indivíduo, ao grupo e à sociedade como um todo, tem algum significado o *objetivo consciente de conseguir cultura*. Poder-se-ia evitar uma boa parcela de confusão, se nos abstivéssemos de colocar para o grupo o que pode ser o objetivo apenas do indivíduo; e para toda a sociedade o que pode ser o objetivo unicamente de um grupo.

O sentido geral, ou antropológico, da palavra *cultura*, tal como o usou, por exemplo, E.B. Tylor no título de sua obra *Primitive Culture*, distinguiu-se independentemente dos outros sentidos: mas se estamos considerando sociedades altamente desenvolvidas, e especialmente nossa própria sociedade contemporânea, temos de levar em conta o relacionamento entre os três sentidos. Nesse ponto, a antropologia ultrapassa a sociologia. Entre os homens de letras e moralistas, era usual discutir a cultura nos dois primeiros sentidos, e especialmente o primeiro, sem qualquer relação com o terceiro. O exemplo dessa escolha que nos vem à mente com mais facilidade é *Culture and Anarchy*, de Matthew Arnold. Este autor está preocupado primordialmente com o indivíduo e com a "perfeição" que ele deveria almejar. É verdade que, em sua famosa classificação de "bárbaros, filisteus e populaça", ele se envolve com a crítica de classes; mas sua crítica se limita a uma acusação contra essas classes por causa de suas deficiências, e não chega a considerar o que seria a função adequada ou a "perfeição" de cada classe. O efeito, portanto, é exortar o indivíduo que atinja o tipo peculiar de "perfeição" que Arnold denomina "cultura", a elevar-se acima das limitações de qualquer classe, em vez de realizar seus mais altos ideais atingíveis.

A impressão de delgadeza que a "cultura" de Arnold transmite ao leitor moderno se deve, em parte, à ausência de *background* social para seu quadro. Mas eu acho que se deve também à sua omissão em explicar um outro modo de usar a palavra "cultura", além dos três já mencionados. Existem vários tipos de realizações que podemos ter em mente em contextos diferentes. Podemos pensar em refinamento das maneiras – ou *urbanidade* e *civilidade*: nesse caso, pensaremos primeiramente numa classe social, e no indivíduo superior como representante do melhor dessa classe. Podemos pensar em *erudição* e muita intimidade com a sabedoria acumulada do passado: nesse caso, nosso homem de cultura é o erudito, o *scholar*. Podemos estar pensando em *filosofia* no sentido mais amplo – um interesse por, e alguma capacidade em manipular, idéias abstratas: nesse caso, podemos referir-nos ao intelectual (reconhecendo o fato de que esse termo é usado agora muito frouxamente para abarcar muitas pessoas não muito notáveis pela força do intelecto). Ou podemos estar pensando nas *artes*: nesse caso, queremos indicar o artista e o amador ou diletante. Mas raramente temos em mente todas essas coisas ao mesmo tempo. Não achamos, por exemplo, que entender de música ou de pintura figure explicitamente na análise, por Arnold, do homem culto: não obstante, ninguém poderá negar que tais coisas têm sua parte na cultura.

Se examinarmos as diversas atividades culturais arroladas no parágrafo anterior, devemos concluir que a perfeição em qualquer uma delas, com exclusão das outras, não pode conferir cultura a ninguém. Sabemos que boas maneiras sem educação, inteligência ou sensibilidade para as artes, tendem a ser mero automatismo; que erudição sem boas maneiras ou sensibilidade é pedantismo; que a capacidade intelectual sem os atributos mais humanos é tão admirável quanto o brilho de uma criança-prodígio em xadrez; e que as artes sem o contexto intelectual é vaidade. E se não encontramos cultura em qualquer dessas perfeições isoladamente, não devemos esperar que alguma pessoa seja perfeita em todas elas; podemos até inferir que o indivíduo totalmente culto é uma ilusão; e iremos buscar cultura, não em algum indivíduo ou em algum grupo de indivíduos, mas num espaço cada vez mais amplo; e somos levados, afinal, a achá-la no padrão de toda sociedade. Isso me parece uma reflexão bastante óbvia, porém é negligenciada com muita freqüência. Sempre somos propensos a considerar-nos pessoas de cultura, com base numa competência, quando somos não só faltos de outras, mas cegos às que nos faltam. Um artista de qualquer tipo, mesmo um artista renomado, não é por essa única razão um homem de cultura; os artistas não somente são insensitivos às outras artes que não aquelas que praticam, mas também, às vezes, têm péssimas maneiras e dons intelectuais escassos. A pessoa que contribui para a cultura, por mais importante que possa ser sua contribuição, nem sempre é uma "pessoa culta".

Não decorre daí que não tenha sentido falar da cultura de um indivíduo, ou de um grupo ou classe. Queremos dizer apenas que a cultura do indivíduo não pode ser isolada da do grupo, e que a cultura do grupo não pode ser abstraída da sociedade inteira; e que nosso conceito de "perfeição" deve considerar ao mesmo tempo os três sentidos de "cultura". Não se segue tampouco que numa sociedade, qualquer que seja seu grau de cultura, os grupos envolvidos em cada atividade cultural sejam distintos e exclusivos: ao contrário, somente mediante uma superposição e partilha de interesses, graças à participação e à apreciação mútua, é que se pode alcançar a coesão necessária à cultura. Uma religião exige não só um corpo de sacerdotes que saibam o que estão fazendo, mas também um corpo de fiéis que saibam o que está sendo feito.

É óbvio que, entre as comunidades mais primitivas, as diversas atividades de cultura são inextricavelmente entrelaçadas. O *dayak* que gasta a maior parte da estação modelando, escarvando e pintando seu barco com o desenho peculiar exigido pelo ritual anual de caça-de-cabeça, está exercendo diversas atividades culturais ao mesmo tempo – de arte e de religião, bem como de guerra anfíbia. À medida que a civilização se torna mais complexa, revela maior especialização ocupacional: nas Novas Hébridas da "idade da pedra", diz John Layard, alguns ilhéus se especializam em artes e ofícios particulares, trocando seus produtos e exibindo suas habilidades para a satisfação recíproca dos membros do arquipélago. Todavia, embora os indivíduos de uma tribo, ou de um grupo de ilhas ou aldeias, possam ter funções separadas – das quais as mais peculiares são as do rei e do feiticeiro – somente num estágio posterior é que a religião, a ciência, a política e a arte foram abstratamente concebidas isoladas uma da outra. E, assim como as funções dos indivíduos se tornam hereditárias, e a função hereditária se cristaliza em distinção de classe ou de casta, e a distinção de classe desemboca em conflito, também a religião, a política, a ciência e a arte atingem um ponto em que surge uma luta consciente entre elas por uma autonomia ou dominação. Este atrito, em algumas fases e algumas situações, é altamente criativo; até onde é o resultado, e até onde é a causa, do aumento de consciência não precisamos considerar aqui. A tensão dentro da sociedade pode torna-se também uma tensão dentro da mente do indivíduo mais consciente: o conflito de deveres em *Antígone*, que não é simplesmente um conflito entre devoção e obediência civil, ou entre religião e política, mas entre leis conflitantes dentro do que ainda é um complexo político-religioso, representa um estágio bastante avançado de civilização: pois o conflito deve ter significado na experiência da platéia antes que possa ser articulado pelo dramaturgo e receba da platéia a resposta que a arte do dramaturgo requer.

À medida que a sociedade se desenvolve rumo a uma complexidade e diferenciação funcionais, cabe esperar a emergência de diversos níveis culturais: em suma, apresentar-se-á a cultura de classe ou de grupo. Não será questionado, penso eu, que em qualquer sociedade futura, assim como toda sociedade civilizada do passado, deve haver esses níveis diferentes. Não acho que os defensores mais ardorosos da igualdade social contestem isso: a diferença de opinião depende de ter sido a transmissão da cultura do grupo feita por herança – se cada nível cultural deve propagar-se – ou se se pode esperar encontrar algum mecanismo de seleção, de modo que cada indivíduo, no devido progresso, tomará seu lugar no mais alto nível cultural a que qualifiquem suas aptidões naturais. O que é pertinente nesse ponto é que o surgimento de grupos mais cultos não deixa de afetar o resto da sociedade: é ele mesmo parte de um processo em que toda a sociedade muda. E é certo – e especialmente óbvio quando voltamos nossa atenção para as artes – que, conforme aparecem novos valores, e o pensamento, a sensibilidade e a expressão se tornam mais elaborados, desaparecem alguns valores mais antigos. Isso quer dizer apenas que não podemos esperar ter todos os estágios de desenvolvimento ao mesmo tempo; que uma civilização não pode produzir simultaneamente uma grande poesia popular num nível cultural e o *Paraíso Perdido* no outro. Na verdade, a única coisa que o tempo sempre está certo de realizar é a perda: ganho ou compensação é quase concebível mas nunca certo. Embora o progresso na civilização pareça tornar mais especializados os grupos de cultura, não devemos esperar que este desenvolvimento seja desacompanhado de perigos. Da especialização cultural pode resultar a desintegração cultural: e é a desintegração mais radical que uma sociedade pode sofrer. Não é o único tipo, ou não é o único aspecto sob o qual se pode estudar a desintegração; mas, qualquer que seja a causa ou o efeito, a desintegração da cultura é a coisa mais séria e a mais difícil de consertar. (Estamos enfatizando aqui, é claro, a cultura de toda a sociedade.) Não se deve confundir com outra doença, ossificação em casta, como na Índia hindu, o que pode ter sido originariamente apenas uma hierarquia de funções: mesmo que ambas as doenças tenham possivelmente alguma influência sobre a sociedade britânica atual. Está presente a desintegração cultural quando dois ou mais estratos se separam de tal modo que se tornam na verdade culturas distintas; e também quando a cultura no nível superior do grupo se rompe em fragmentos, cada um dos quais representa sozinho uma atividade cultural. Se não me engano, já ocorreu, na sociedade ocidental, alguma desintegração das classes em que a cultura está, ou deve estar, mais desenvolvida – bem como alguma separação cultural entre um e outro nível da sociedade. Pensamento e prática religiosos, filosofia e arte, todos tendem a tornar-se áreas isoladas, cultivadas por grupos sem qualquer comunicação entre si. A sensibilidade artística se empobrece, com seu divórcio da sensibilidade religiosa, a religiosa com sua separação da artística; e o resquício de *maneiras* pode ser deixado a uns poucos sobreviventes de uma classe em desaparecimento que, com a sensibilidade não-treinada pela religião ou pela arte e as mentes não-providas do material para uma conversação engenhosa, não terá contextura em suas vidas para dar valor a seu comportamento. E a deterioração nos níveis mais altos é matéria de interesse, não só para o grupo que é afetado visivelmente, mas também para todo o povo.

As causas de um declínio total da cultura são tão complexas como é variada a evidência desse declínio. Entre as razões apresentadas, por diversos especialistas, como causas das doenças sociais mais prontamente apreendidas devem-se encontrar algumas para as quais precisamos continuar a procurar remédios específicos. Não obstante, a cada vez tomamos maior consciência da extensão com que o problema desnorteante da "cultura" é a base dos problemas da relação de cada parte do mundo entre si. Quando nos interessamos pela relação das grandes nações entre si; pela relação das grandes nações com as pequenas[1]; pela relação das "comunidades" mescladas entre si, como na Índia; pela relação das nações-mãe com aquelas que dela se originaram na forma de colônias; pela relação do colonizador com o nativo; pela relação entre povos de áreas como as Índias Ocidentais, onde a compulsão e o induzimento econômicos criaram grande número de raças diferentes: por trás de todas essas questões desconcertantes, envolvendo decisões a serem tomadas diariamente por muitos homens, existe a questão do que é a cultura, e a questão de saber se é algo que podemos controlar ou influenciar deliberadamente. Tais questões se nos deparam sempre que articulamos uma teoria, ou concebemos uma políti-

---

1. Este ponto é aflorado, embora sem qualquer discussão do significado de "cultura", por E. H. CARR, *Conditions of Peace*, 1ª Parte, cap. III. Diz ele: "Numa terminologia canhestra mas conveniente que teve origem na Europa Central, devemos distinguir entre 'nação cultural' e 'nação-estado'. A existência de um grupo lingüístico ou racial mais ou menos homogêneo, ligado por uma tradição comum e pelo cultivo de uma cultura comum deve cessar de fornecer um caso *prima facie* para o estabelecimento ou a manutenção de uma unidade política independente". Contudo, Carr está mais preocupado aqui com o problema da unidade política, do que com o da preservação de culturas, ou com a questão de saber se são dignas de preservação, na unidade política.

ca, de educação. Se levarmos a sério a cultura, vemos que uma pessoa não precisa simplesmente de comer o suficiente (mesmo que seja mais do que somos capazes de prover) mas de uma *cozinha* adequada e particular: um sintoma do declínio da cultura na Grã-Bretanha é a indiferença pela arte de preparar alimentos. Podemos até descrever a cultura simplesmente como aquilo que torna a vida digna de ser vivida. E é o que justifica outros povos e outras gerações quando dizem, ao contemplarem os resquícios e a influência de uma civilização extinta, que *valeu a pena* ter existido esta civilização.

Já afirmei, na introdução, que nenhuma cultura pode surgir ou desenvolver-se salvo em relação com uma religião. Mas o uso do termo *relação* aqui pode facilmente induzir-nos a erro. A fácil presunção de um relacionamento entre cultura e religião é talvez a maior fragilidade de *Culture and Anarchy* de Arnold. Este autor dá a impressão de que a Cultura (como ele usa o termo) é algo mais compreensivo que a religião; que essa última não passa de um elemento necessário, que provê formação ética e algum matiz emocional, à Cultura que é o valor último.

Pode parecer estranho ao leitor que aquilo que eu disse sobre o desenvolvimento da cultura, e sobre os perigos de desintegração depois que a cultura atingiu seu estágio mais desenvolvido, possa aplicar-se igualmente à história da religião. O desenvolvimento da cultura e o desenvolvimento da religião, numa sociedade não-influenciada de fora, não podem ser claramente isolados um do outro; e dependerá do ângulo de visão do observador particular descobrir se a causa do progresso na religião é um refinamento da cultura, ou se a causa do refinamento da cultura é o progresso na religião. O que talvez nos influencie a tratar a religião e a cultura como duas coisas diferentes é a história da penetração da cultura greco-romana pela Fé cristã – penetração que teve efeitos profundos tanto sobre essa cultura quanto sobre o curso do desenvolvimento que assumiram o pensamento e a prática cristãos. Mas a cultura com que entrou em contato o Cristianismo primitivo (bem como a do meio em que se originou o Cristianismo) era, por si mesma, uma cultura religiosa declinante. Desse modo, embora acreditemos que a mesma religião possa animar várias culturas, podemos indagar se alguma cultura pode formar-se, ou manter-se, sem uma base religiosa. Podemos ir mais longe e perguntar se o que chamamos cultura, e o que chamamos religião, de um povo não são aspectos diferentes da mesma coisa: sendo a cultura, essencialmente, a encarnação (por assim dizer) da religião de um povo. Colocar a matéria deste modo pode esclarecer minhas reservas no tocante ao termo *relação*.

À medida que a sociedade se desenvolve, surgirão maior número de graus e tipos de competências e função religiosas – bem como de outras competências e funções. Cabe notar que, em algumas religiões, a diferenciação tem sido tão ampla que, na verdade, resultaram duas religiões: uma para o populacho e uma dos adeptos. Os males de "duas nações" religiosas são óbvios. O Cristianismo resistiu a essa doença melhor que o Hinduísmo. Os cismas do século XVI, e o subseqüente pulular de seitas, podem ser estudados como a história da divisão do pensamento religioso, ou como a luta entre grupos sociais opostos – como a variação da doutrina, ou como a desintegração da cultura européia. Todavia, embora sejam lamentáveis essas amplas divergências de crença no mesmo nível, a Fé pode, e deve, achar lugar para muitos graus de receptividade intelectual, imaginativa e emocional às mesmas doutrinas, assim como pode adotar muitas variações de ordem e de ritual. A Fé cristã também, considerada psicologicamente como sistema de crenças e atividades em mentes específicas personificadas, terá uma história: embora seja um erro grosseiro supor que o sentido em que se fala de seu desenvolvimento e mudança implica que uma santidade maior ou uma iluminação divina se tornem disponíveis aos seres humanos mediante o progresso coletivo. (Não admitimos que haja, por um longo período, progresso mesmo na arte, ou que a arte "primitiva" seja, como arte, necessariamente inferior à mais sofisticada.) Mas um dos aspectos do desenvolvimento, se estamos adotando o ponto de vista religioso ou cultural, é o surgimento do *ceticismo* – termo pelo qual, é claro, não quero significar infidelidade ou destrutibilidade (muito menos a incredulidade que decorre da preguiça mental), mas o hábito de examinar evidências e a capacitade de retardar uma decisão. O ceticismo é um traço altamente civilizado, embora, quando descamba para o pirronismo, seja algo que pode levar a civilização à morte. Onde o ceticismo é força, o pirronismo é fraqueza; pois precisamos não só de força para adiar uma decisão, mas também de força para tomá-la.

A concepção de que a cultura e a religião, tomado cada termo no contexto certo, são aspectos diferentes da mesma coisa, exige uma boa dose de explicações. Mas gostaria de sugerir primeiro que ela nos fornece os meios de combater erros complementares. Um, mantido com mais amplitude, é que a cultura pode ser preservada, estendida e desenvolvida na ausência de religião. Tal erro pode ser sustentado pelo cristão em comum com o infiel, e sua refutação adequada necessitaria de uma análise histórica mais fina, porque a verdade não é imediatamente aparente e é possível mesmo ser contraditada pelas aparências: uma cultura pode estar doente, e assim mesmo produzir alguns de seus mais brilhantes sucessos artísticos e outros, depois que a fé religiosa caiu em declínio. Outro erro é a crença de que a preservação e manutenção da religião não precisa adequar-se à preservação e manutenção da cultura: uma crença que pode até levar à rejeição dos produtos culturais como frívolas obstruções à vida espiritual. Para rejeitarmos esse erro, tanto quanto o outro, será necessário que tomemos alguma distância; que recusemos aceitar a conclusão, quando a cultura que observamos é uma cultura em declínio, de que a cultura é alguma coisa a que podemos dar-nos o luxo de ficar indiferentes. E devo acrescentar que ver dessa maneira a unidade da cultura e da religião não implica que todos os produtos de arte possam ser aceitos sem crítica, nem fornece um critério pelo qual todos podem distinguir imediatamente entre eles. A sensibilidade estética deve ampliar-se em percepção espiritual, e a percepção espiritual deve transformar-se em sensibilidade estética e gosto disciplinado antes que estejamos qualificados a fazer um julgamento sobre decadência ou diabolismo ou niilismo na arte. Julgar uma obra de arte a partir de padrões artísticos ou religiosos, julgar uma religião segundo padrões religiosos ou artísticos, no final das contas, viria a ser a mesma coisa, embora seja um fim a que nenhum indivíduo pode chegar.

O modo de encarar a cultura e a religião que estive tentando prefigurar é tão difícil que não estou certo de entendê-lo eu mesmo a não ser em lampejos, ou de compreender todas as suas implicações. É também um modo que envolve o risco de erro a cada momento, por alguma alteração despercebida do significado que um ou outro termo tem quando os dois estão acoplados dessa maneira, para algum significado que um ou outro possa ter quando tomado isoladamente. Isso se confirma apenas no sentido de que as pessoas são inconscientes tanto de sua cultura quanto de sua religião. Qualquer um dotado da mais leve consciência religiosa deve-se afligir de tempos em tempos com o contraste entre sua fé religiosa e sua conduta; qualquer um com o gosto que a cultura *individual* ou *de grupo* confere deve ter consciência dos valores que ele não pode chamar religiosos. E tanto a "religião" quanto a "cultura", além de significarem coisas diferentes uma da outra, significariam para o indivíduo e para o grupo alguma coisa pela qual lutam, e não simplesmente alguma coisa que possuem. Não obstante, há um aspecto onde podemos ver a religião como *todo o modo de vida* de um povo, do nascimento à sepultura, da manhã à noite e mesmo no sono, e esse modo de vida é também sua cultura. E ao mesmo tempo devemos reconhecer que, quando essa identificação é total, ela significa em sociedades atuais tanto uma cultura inferior como uma religião inferior. Uma religião universal é pelo menos potencialmente superior àquela que alguma raça ou nação reivindique exclusivamente para si mesma; e uma cultura que pratica uma religião igualmente praticada por outras culturas é ao menos potencialmente uma cultura superior àquela que tem uma religião exclusivamente sua. De um ponto de vista, podemos identificar; de outro, devemos separar.

Tomando agora o ponto de vista da identificação, o leitor deve lembrar-se, como o autor tem de fazê-lo constantemente, do quanto abrange aqui o termo *cultura*. Inclui ele todas as atividades e interesses característicos de um povo: o Derby Day, a Henley Regatta, Cowes, o 12 de Agosto, a decisão da Copa, as corridas de cães, a mesa de pinos, o alvo de dardos, o queijo Wensleydale, o repolho cozido e cortado em pedaços, beterraba em vinagre, as igrejas góticas do século XIX e a música de Elgar. O leitor pode elaborar sua própria lista. E então temos de enfrentar a estranha idéia de que aquilo que é parte de nossa cultura também o é de nossa religião *vivida*.

Não devemos considerar nossa cultura como totalmente unificada – minha lista acima foi planejada para evitar essa sugestão. E a verdadeira religião de qualquer povo não-europeu sempre tem sido puramente cristã, ou puramente outra coisa. Há sempre pedaços ou traços de crenças mais primitivas, mais ou menos absorvidas; há sempre a tendência a crenças parasitas; há sempre perversões, como no caso em que o patriotismo, que concerne à religião natural e é portanto lícito e mesmo encorajado pela Igreja, se torna exagerado a ponto de converter-se em caricatura de si mesmo. E é fácil demais um povo manter crenças contraditórias e propiciar mutuamente poderes antagônicos.

Algo que pode ser muito desconcertante, uma vez que permitamos que nossa imaginação brinque com isso, é pensar que aquilo em que acreditamos não é simplesmente o que formulamos e subscrevemos, mas que o comportamento também é crença, e que mesmo o mais consciente e desenvolvido de nós vive também no nível em que não podem ser distinguidos crença e comportamento. Isso dá uma importância às nossas atividades mais triviais, à ocupação de cada minuto nosso, que não podemos contemplar por muito tempo sem o horror do pesadelo. Quando consideramos a qualidade da integração necessária para o pleno desenvolvimento da vida espiritual, devemos ter em mente a possibilidade de graça e os exemplares de santidade a fim de não mergulharmos no desespero. E quando consideramos o problema da evangelização, do desenvolvimento de uma sociedade cristã, temos razão em desanimar. Acreditar que *nós* somos uma pessoa religiosa e que os outros não têm religião é uma simplificação que beira à distorção. Pensar que, de um ponto de vista, religião é cultura e, de outro, cultura é religião pode ser muito perturbador. Indagar se o povo já não tem uma religião, em que o Derby Day e a pista de corrida de cães tenham seu papel, é embaraçoso; assim, a sugestão é que parte da religião dos clérigos mais elevados são as botinas e o Ateneu. Não é conveniente que alguns cristãos achem que, como cristãos, não acreditam bastante, e que por outro lado eles, como todos os outros, acreditam em coisas demais: todavia, isso é uma conseqüência da reflexão de que os bispos são uma parte da cultura inglesa, e os cavalos e cães são uma parte da religião inglesa.

Admite-se comumente que existe cultura, mas que ela é a propriedade de uma pequena parcela da sociedade; e a partir dessa admissão costuma-se derivar para uma de duas conclusões: ou a cultura pode ser apenas a preocupação de uma pequena minoria, e portanto não há lugar para ela na sociedade do futuro; ou na sociedade do futuro a cultura que foi a posse de poucos deve ser colocada à disposição de todos. Essa admissão e suas conseqüências lembram-nos a antipatia puritana pelo monasticismo e pela vida ascética: pois, assim como uma cultura que é acessível somente à minoria é censurada agora, também a vida contemplativa e fechada era condenada pelo protestantismo extremado, e o celibato considerado quase com tanto horror quanto a perversão.

A fim de apreender a teoria da religião e da cultura que me esforcei por estabelecer neste capítulo, temos de tentar evitar os dois erros alternativos: o de considerar a religião e a cultura como duas coisas separadas entre as quais existe uma relação, e o de identificar religião e cultura. Num ponto falei da cultura de um povo como uma *encarnação* da sua religião; e, embora esteja cônscio da temeridade de empregar um termo tão exaltado, não posso pensar em outro que exprima tão bem a intenção de evitar, de um lado, a *relação* e, de outro, a *identificação*. A verdade, a verdade parcial, ou a falsidade de uma religião não consiste nas realizações culturais das pessoas que professam essa religião, nem se submete a ser exatamente testada por elas. Pois o que as pessoas dizem acreditar, como mostra a sua conduta, é, como eu disse, sempre muito mais e muito menos do que a sua fé professada em sua pureza. Além disso, um povo cuja cultura foi formada conjuntamente com uma religião de verdade parcial, pode viver essa religião (ao menos, em algum período de sua história) com maior fidelidade do que outro povo que tem uma luz mais verdadeira. Somente quando imaginamos nossa cultura como ela deverá ser, se nossa sociedade fosse uma sociedade realmente cristã, é que nos atrevemos a dizer que a cultura cristã é a cultura mais elevada; somente nos referindo a todas as fases desta cultura, que foi a cultura da Europa, é que podemos afirmar que é a cultura mais elevada que o mundo já conheceu. Comparando nossa cultura como ela é hoje, com a de povos não-cristãos, devemos estar preparados para descobrir que a nossa é, sob um ou outro aspecto, inferior. Não negligencio a possibilidade de que a Grã-Bretanha, se consumou sua apostasia reformando-se segundo as prescrições de alguma religião inferior ou materialista, possa florescer numa cultura mais brilhante do que a que podemos mostrar atualmente. Isso não seria evidência de que a nova religião era verdadeira e de que o Cristianismo era falso. Provaria simplesmente que qualquer religião, enquanto dura e em seu próprio nível, dá um significado aparente à vida, fornece a estrutura para uma cultura, e protege a massa da humanidade do tédio e do desespero.

2. A CLASSE E AS ELITES

Segundo a apreciação de níveis de cultura evidenciada no capítulo anterior, pareceria que, entre as sociedades mais primitivas, os tipos superiores exibem diferenciações de função mais acentuadas entre seus membros do que os tipos inferiores[1]. Num estágio mais elevado ainda, achamos que algumas funções são mais

---

1. Estou preocupado em evitar de falar como se a evolução da cultura primitiva para formas mais elevadas fosse um processo que conhecemos por observação. *Observamos* as diferenças, *inferimos* que algumas se desenvolveram a partir de um estágio similar aos estágios inferiores que observamos; mas, por legítima que seja a nossa inferência, não estou preocupado aqui com esse desenvolvimento.

honradas do que outras, e essa divisão promove o desenvolvimento de *classes*, nas quais honra e privilégio superiores são concedidos à pessoa não apenas como funcionário, mas como membro da classe. E a própria classe possui uma função, a de manter aquela parte da cultura total da sociedade que é pertinente a essa classe. Devemos tentar ter em mente que, numa sociedade saudável, essa manutenção de um determinado nível de cultura vem em benefício, não só da classe que o mantém, mas da sociedade como um todo. A consciência desse fato evitará que imaginemos ser a cultura de uma classe "superior" algo supérfluo a toda a sociedade, ou à maioria, e que pensemos ser algo que deveria ser compartilhado igualmente por todas as outras classes. Deveria também lembrar à classe "superior", na medida em que existe alguma, que a sobrevivência da cultura na qual está particularmente interessada depende da saúde da cultura do povo.

Atualmente, tornou-se um lugar-comum do pensamento contemporâneo dizer que uma sociedade assim articulada não é o tipo mais elevado a que podemos aspirar; mas que de fato é natural que uma sociedade progressista suprima eventualmente essas divisões, e que está também dentro do alcance de nossa direção consciente, e portanto é um dever que cabe a nós, estabelecer uma sociedade sem classes. Todavia, embora geralmente se admita que a classe, em qualquer sentido que mantenha as associações do passado, desaparecerá, a opinião atual de algumas das mentes mais avançadas é que devem ainda ser reconhecidas algumas diferenças qualitativas entre indivíduos, e que os indivíduos superiores devem ser reunidos em grupos adequados, dotados de poderes apropriados, e talvez com remunerações e honras variadas. Esses grupos, formados de indivíduos aptos aos poderes de governo e administração, dirigirão a vida pública da nação; os indivíduos que os compõem serão considerados "líderes". Haverá grupos ocupados com a arte e grupos ocupados com a ciência, e grupos ocupados com a filosofia, assim como grupos constituídos por homens de ação: e esses grupos são o que chamamos de elites.

É óbvio que, embora no estado atual da sociedade se encontre a associação voluntária de indivíduos com mentes afins, e a associação baseada em interesse material comum, ou ocupação ou profissão comuns, as elites do futuro diferirão num aspecto importante de qualquer uma que conhecemos; elas substituirão as classes do passado, assumindo suas funções efetivas. Essa transformação nem sempre é colocada explicitamente. Há alguns filósofos que consideram intoleráveis as divisões de classe, e outros que as consideram meramente moribundas. Os últimos podem simplesmente ignorar a classe, em seu projeto de uma sociedade governada por elites, e afirmar que as elites "serão extraídas de todos os setores da sociedade". Mas pareceria que, à medida que aperfeiçoamos os meios de identificar em tenra idade, de educar para seu papel futuro e colocar em posições de autoridade os indivíduos que formarão as elites, todas as distinções de classe anteriores tornar-se-ão uma simples sombra ou vestígio, e a única distinção social de grau será entre as elites e o resto da comunidade; a não ser que, como pode ocorrer, deva haver uma ordem de prioridade e prestígio entre as próprias elites.

Por mais moderada e suavemente que seja apresentada a doutrina das elites, implica uma transformação radical da sociedade. Superficialmente, parece objetivar não mais do que aquilo que todos devemos desejar: que todas as posições da sociedade devessem ser ocupadas por aqueles mais aptos a exercerem a função dessas posições. Temos todos observado indivíduos ocuparem situações na vida para as quais não são qualificados nem por seu caráter nem por sua inteligência, e são colocados apenas por simples educação nominal, ou nascimento ou consangüinidade. Nenhum homem honesto deixa de incomodar-se com tal espetáculo. A doutrina das elites, porém, implica bem mais do que a retificação de semelhante injustiça. Postula uma visão *atômica* da sociedade.

O filósofo cujas observações sobre o tema das elites merecem a maior atenção, tanto por seu próprio valor como pela influência que exercem, é o falecido Dr. Karl Mannheim. A propósito, foi o Dr. Mannheim quem traçou o destino do termo elite neste país. Devo salientar que a descrição de cultura do Dr. Mannheim é diferente da que foi apresentada no capítulo anterior deste ensaio. Diz ele (*Man and Society*, p. 81):

> A investigação sociológica da cultura na sociedade liberal deve começar com a vida daqueles que criam cultura, *i.e.*, a *intelligentsia* e sua posição dentro da sociedade como um todo.

De acordo com minha análise, uma "cultura" é concebida como a criação da sociedade como um todo; e é isso, sob outro aspecto, o que a torna uma sociedade. Não é a criação de alguma parte dessa sociedade. A função daqueles que o Dr. Mannheim chamaria de grupos criadores de cultura, conforme a minha análise, seria antes realizar um desenvolvimento posterior da cultura em complexidade orgânica: cultura num nível mais consciente, mas ainda assim a mesma cultura. Deve-se considerar que esse nível mais elevado de cultura é ao mesmo tempo valioso em si mesmo e enriquecedor dos níveis inferiores: desse modo, o movimento da cultura continuaria numa espécie de ciclo, cada classe nutrindo as demais.

Essa já é uma diferença de alguma importância. Minha próxima observação é que o Dr. Mannheim está preocupado mais com elites do que com uma elite.

> Podemos distinguir (diz ele, em *Man and Society*, p. 82), os seguintes tipos de elites: a política, a organizadora, a intelectual, a artística, a moral e a religiosa. Enquanto as elites política e or-

ganizadora visam integrar um grande número de vontades individuais, é a função das elites intelectual, estética e moral-religiosa sublimarem essas energias psíquicas que a sociedade, na luta quotidiana pela existência, não exaurem plenamente.

Essa departamentalização das elites já existe, até certo ponto; e até certo ponto é uma coisa necessária e boa. Mas, na medida que se observa sua existência, não é uma coisa *totalmente* boa. Sugeri em outro lugar que uma crescente fraqueza de nossa cultura tem sido o progressivo isolamento mútuo das elites, de modo que a política, a filosófica, a artística e a científica estão separadas para grande prejuízo próprio, não somente pela interrupção de qualquer circulação geral de idéias, mas pela falta daqueles contatos e influências mútuos a um nível menos consciente, que são talvez mais importantes do que as idéias. O problema da formação, preservação e desenvolvimento das elites é, portanto, também o problema da formação, preservação e desenvolvimento *da* elite, um problema no qual o Dr. Mannheim não toca.

Como uma introdução a esse problema, devo chamar atenção para outra diferença entre o meu ponto de vista e o do Dr. Mannheim. Ele observa, numa afirmação com a qual concordo (p. 85):

A crise da cultura na sociedade liberal-democrática se deve, em primeiro lugar, ao fato de que os processos sociais fundamentais, que anteriormente favoreciam o desenvolvimento das elites culturalmente criativas, têm agora o efeito oposto, *i.e.*, tornaram-se obstáculos à formação de elites porque setores mais amplos da população tomaram parte ativa nas atividades culturais.

Não posso, é claro, admitir a última cláusula dessa sentença como está. De acordo com a minha visão de cultura, a população toda *deveria* "tomar parte ativa em atividades culturais" – nem todos nas mesmas atividades ou no mesmo nível. O que essa cláusula diz, em meus termos, é que uma parte crescente da população

53

está preocupada com cultura de grupo. Isso ocorre, creio que o Dr. Mannheim concordaria, através da alteração gradativa da estrutura de classes. Mas neste ponto, ao que me parece, o Dr. Mannheim começa a confundir elite com *classe*. Pois diz ele (p. 89):

> Se se lembrarem as formas essenciais de escolher as elites que até o presente surgiram na cena histórica, três princípios podem ser distinguidos: a seleção com base no *sangue*, na *propriedade* e na *realização*. A sociedade aristocrática, especialmente depois que se entrincheirou, escolhe suas elites primeiramente segundo o princípio do sangue. A sociedade burguesa introduziu gradualmente, como um suplemento, o princípio da riqueza, um princípio que prevalece também para a elite intelectual, já que a educação era mais ou menos disponível apenas para a prole do abastado. Logicamente, é verdade que o princípio da realização se combinava com os dois outros princípios nos períodos iniciais, mas a importante contribuição da democracia moderna, desde que seja rigorosa, é que o princípio da realização tende a tornar-se cada vez mais o critério do sucesso social.

Estou pronto a aceitar, *grosso modo*, essa consideração de três períodos históricos. Mas gostaria de salientar que não estamos preocupados aqui com as elites mas com as *classes*, ou, mais precisamente, com a evolução de uma sociedade de classes para uma sociedade sem classes. Parece-me que também podemos distinguir uma elite no estágio da mais rígida divisão em classes. Deveremos crer que os artistas da Idade Média eram todos homens da nobreza, ou que a hierarquia e os estadistas foram todos selecionados por seus *pedigrees*?

Não acho que seja nisso que o Dr. Mannheim quer que acreditemos; mas penso que ele está confundindo as elites com o setor dominante da sociedade ao qual as elites serviram, do qual tiraram seu colorido e no qual foram recrutados alguns de seus membros. O esquema geral da transição da sociedade, nos últimos quinhentos anos ou tal, é aceito normalmente, e não tenho interesse em questioná-lo. Proporia apenas uma modificação. Na fase de dominação da sociedade *burguesa* (acho que seria melhor, com relação a este país, dizer "sociedade da classe média superior") há uma diferença que se aplica particularmente à Inglaterra. Por mais poderosa que fosse — pois agora se diz comumente que seu poder está passando — não teria sido o que foi sem a existência de uma classe acima dela, da qual tirou alguns de seus ideais e alguns de seus critérios, e a cuja condição seus membros mais ambiciosos aspiraram. Isso lhe dá uma diferença em tipo da sociedade aristocrática que a precedeu, e da sociedade de massa que se espera que a siga.

Chego agora a outra afirmação na discussão do Dr. Mannheim, que me parece inteiramente verdadeira. A sua integridade intelectual impede-o de dissimular a obscuridade de nossa posição atual; mas ele consegue, até onde posso julgar, comunicar à maioria de seus leitores uma sensação de confiança viva, infectando-os com a sua própria fé arraigada nas possibilidades do "planejamento". Não obstante, diz ele de modo bem claro:

Não temos uma idéia clara de como a escolha das elites agiria numa sociedade de massas aberta na qual prevalecesse apenas o princípio da realização. É possível que, numa sociedade semelhante, a sucessão das elites ocorresse com demasiada rapidez e faltasse nela a continuidade social que se deve essencialmente à ampliação lenta e gradual da influência dos grupos dominantes[2].

Isso levanta um problema da primeira importância para minha discussão atual, com o qual não creio que o Dr. Mannheim tenha lidado de modo algum: o da *transmissão de cultura*.

---

2. Prossegue o Dr. Mannheim, chamando a atenção para uma tendência na sociedade de massa a renunciar mesmo ao princípio da realização. Essa passagem é importante; mas, como concordo com ele em que seus perigos são ainda mais alarmantes, é desnecessário transcrevê-la aqui.

Quando nos ocupamos com a história de certas partes da cultura, como a história da arte, ou da literatura, ou da filosofia, isolamos naturalmente uma classe particular de fenômenos; ainda que tenha havido um movimento, que produziu livros de valor e de interesse, para relacionar esses assuntos mais intimamente com uma história social geral. Todavia, mesmo tais considerações são, normalmente, apenas a história de uma classe de fenômemos interpretados à luz da história de outra classe de fenômenos e, assim com a do Dr. Mannheim, tendem a ter uma visão da cultura mais limitada do que a adotada aqui. O que temos que considerar são os papéis que representam a elite e a classe na transmissão de cultura de uma geração à seguinte.

Devemos recordar-nos do perigo, mencionado no capítulo anterior, de identificar a cultura com a *soma* de atividades culturais distintas; e, se evitarmos essa identificação, deixaremos também de identificar nossa cultura de grupo com a soma das atividades das elites do Dr. Mannheim. O antropólogo pode estudar o sistema social, a economia, as artes e a religião de uma determinada tribo, pode até estudar as suas peculiaridades psicológicas; mas não é simplesmente observando em detalhe todas essas manifestações, e reunindo-as, que ele se aproximará de uma compreensão dessa cultura. Pois entender a cultura é entender o povo, e isso significa uma compreensão imaginativa. Tal compreensão nunca pode ser completa: ou é abstrata – e a essência escapa – ou então é *vivida*; e, sendo *vivida*, o estudioso tenderá a identificar-se tão inteiramente com o povo que estuda que perderá o ponto de vista a partir do qual era compensador e possível estudá-lo. A compreensão envolve uma área mais extensa do que aquela de que se pode ter consciência; não se pode estar dentro e fora ao mesmo tempo. Aquilo que normalmente chamamos de compreensão de outro povo, logicamente, é uma aproximação da compreensão que fica perto do ponto no qual o estudioso começaria a perder alguma essência de sua própria cultura. O homem que, para compreender o mundo interior de uma tribo canibal, tenha aderido à prática do canibalismo provavelmente foi longe demais: nunca mais poderá ser de fato um dos seus, novamente[3].

Levantei a questão, no entanto, unicamente em apoio à minha objeção de que a cultura não é simplesmente a soma de várias atividades, mas um *modo de vida*. Ora, o especialista talentoso, que baseado em sua realização vacacional pode ser perfeitamente qualificado a participar de uma das elites do Dr. Mannheim, pode muito bem não ser uma das "pessoas cultas" representativas da cultura de grupo. Como disse anteriormente, pode ser apenas um contribuinte altamente valorizado dela. Todavia, a cultura de grupo, como se pode observar no passado, nunca foi coextensiva com a classe, seja uma aristocracia ou uma classe média superior. Um número muito grande de membros dessas classes sempre foi notavelmente deficiente em "cultura". Acredito que, no passado, o repositório dessa cultura tenha sido *a* elite, cuja maior parte foi tirada da classe dominante daquele tempo, constituindo os consumidores primários da obra de arte e de pensamento produzida pelos membros da minoria, que se originaram de várias classes, inclusive a própria classe dominante. As unidades dessa maioria serão, algumas delas, indivíduos; outras serão famílias. Porém os indivíduos da classe dominante que compõem o núcleo da elite cultural não deverão, por isso, ser cortados da classe a que pertencem, pois sem sua participação naquela classe não teriam seu papel a cumprir. É sua função, em relação com os produtores, transmitir a cultura que herdaram; assim como é sua função, em relação com o resto de sua classe, impedir

---

3. *Heart of Darkness*, de Joseph Conrad, dá uma pista de algo semelhante.

que ela se petrifique. É função da classe como um todo preservar e comunicar padrões de *maneiras* — que são um elemento vital na cultura de grupo[4]. É função dos membros e famílias superiores preservar a cultura de grupo, assim como é função dos produtores alterá-la.

Numa elite composta de indivíduos que nela se colocam unicamente por sua preeminência individual, as diferenças de vivência serão tão grandes que estarão unidos apenas por seus interesses comuns, e separados por tudo o mais. Uma elite deve, portanto, estar atada a *alguma* classe, seja superior ou inferior; mas, enquanto houver classes, é provável que seja a classe dominante que atraia essa elite para si. O que aconteceria numa sociedade sem classes — o que é muito mais difícil de visualizar do que as pessoas imaginam — nos leva à área da conjectura. Há, no entanto, algumas suposições que me parecem valer a pena ventilar.

O canal primário de transmissão de cultura é a família: nenhum homem escapa do tipo, ou ultrapassa totalmente o grau, de cultura que adquiriu de seu ambiente primitivo. Não insinuo que seja esse o *único* canal de transmissão; numa sociedade de alguma complexidade, é suplementado e continuado por outros condutos da tradição. Mesmo em sociedade relativamente primitivas é assim. Em comunidades mais civilizadas de atividades especializadas, nas quais nem todos os filhos seguiriam a ocupação de seus pais, o aprendiz (teoricamente, pelo menos) não servia apenas a seu mestre, nem apenas aprendia com ele como se aprende numa escola técnica — ele se integrava a um modo de vida que condizia com aquele ofício ou arte; e talvez o segredo perdi-

---

4. Para evitar uma mal-entendido neste ponto, dever-se-ia observar que não suponho que as "boas maneiras" deveriam ser peculiares a qualquer camada da sociedade. Numa sociedade saudável, boas maneiras deveriam ser encontradas em toda parte. Mas, assim como distinguimos entre os significados de "cultura" nos vários níveis, também distinguimos entre os significados de "boas maneiras" mais e menos conscientes.

do do ofício seja que era transmitido não somente uma habilidade, mas todo um modo de vida. A cultura – discernível do conhecimento sobre cultura – era transmitida pelas universidades mais antigas: lá aproveitaram jovens que tinham sido estudantes sem proveito, e que não adquiriram gosto pelo aprendizado, ou pela arquitetura gótica, ou pelo ritual e cerimônia do colégio. Suponho que algo da mesma espécie seja transmitido também por sociedades do tipo maçônico; pois a iniciação é uma introdução a um modo de vida, de viabilidade ainda que restrita, recebida do passado e para ser perpetuada no futuro. Mas o canal mais importante de transmissão de cultura permanece, de longe, a família; e, quando a vida familiar deixa de cumprir seu papel, deveremos esperar que nossa cultura se deteriore. Ora, a família é uma instituição da qual quase todos falam bem, mas é recomendável lembrar que esse é um termo que pode variar em tamanho. Na era atual, significa pouco mais do que os membros viventes. Mesmo assim, é uma rara exceção um anúncio mostrar uma família grande ou três gerações; a família comumente representada consiste de dois pais e um ou dois filhos pequenos. O que se venera não é a devoção a uma família, mas o afeto pessoal entre seus membros; e quanto menor a família, mas facilmente esse afeto pessoal pode ser exprimido. Mas quando falo da família, tenho em mente um laço que abrange um período de tempo maior do que esse: uma devoção para com os mortos, não importa quão abscuros, e uma solicitude para com os não-nascidos, não importa quão distantes. A menos que essa reverência para com o passado e o futuro seja cultivada no lar, não poderá jamais passar de uma convenção verbal na comunidade. Esse interesse pelo passado é diferente das vaidades e pretensões da genealogia; essa responsabilidade pelo futuro é diferente da do construtor de programas sociais.

Eu deveria dizer então, que numa sociedade vigorosa estarão presentes tanto a classe como a elite, com uma certa sobreposição e interação constante entre elas. Uma elite, se for uma elite governante, e desde que o impulso natural de passar à prole o poder e o prestígio não seja artificialmente reprimido, tenderá a se estabelecer como uma classe – é essa metamorfose, penso eu, que conduz ao que me parece ser um descuido da parte do Dr. Mannheim. Mas uma elite que assim se transforme tende a perder sua função como elite, pois as qualidades pelas quais os membros originais adquiriram sua posição não serão todas transmitidas igualmente a seus descendentes. Por outro lado, temos de considerar qual seria a conseqüência se se verificassem o oposto, e tivéssemos uma sociedade na qual as funções das classes fossem assumidas pelas elites. O Dr. Mannheim parece ter acreditado que isso ocorrerá; mostrou-se, como o demonstra uma passagem que citei, ciente dos perigos; e não parece ter estado pronto a propor salvaguardas definitivas contra eles.

A situação de uma sociedade sem classes, e dominada exclusivamente por elites é, admito, uma sobre a qual não temos evidência confiável. Por tal sociedade, suponho que devamos compreender uma na qual cada indivíduo começa sem vantagem ou desvantagem; e na qual, por algum mecanismo armado pelos melhores projetistas de tal maquinaria, todos serão dirigidos, ou encontrarão o caminho, para aquele posto na vida que estão mais aptos a preencher, e toda posição será ocupado pelo homem ou mulher mais adequado a ela. Naturalmente, nem mesmo o mais confiante esperaria que o sistema funcionasse tão bem assim; se, *grosso modo*, parecesse chegar mais perto de colocar as pessoas certas nos lugares certos do que qualquer sistema anterior, deveríamos todos estar satisfeitos. Quando digo "dominado", em vez de "governado", por elites, quero dizer que uma tal sociedade não deve contentar-se em ser *governada* pelas pessoas certas; deve certificar-se de que os artistas e arquitetos mais capacitados subam ao topo, influenciem o gosto e executem os trabalhos públicos importantes; deve fazer o mesmo pelas outras artes e pela ciência; e deve sobretudo, talvez, ser tal que as mentes mais capazes encontrem expressão no pensamento especulativo. O sistema não deve fazer tudo isso pela sociedade apenas numa situação especial – deve *continuar* a fazê-lo, geração após geração. Seria tolice negar que, numa determinada fase do desenvolvimento de um país, e por um *propósito restrito*, uma elite possa fazer um trabalho muito bom. Expulsando um grupo governante anterior que, em comparação consigo mesmo, pode ser uma *classe*, ela pode salvar ou reformar ou revitalizar a vida nacional. Coisas assim aconteceram. Mas temos muito pouca evidência sobre a perpetuação do governo por uma elite, e a que temos é insatisfatória. Um intervalo considerável deve escoar-se antes de podermos ter um exemplo na Rússia. A Rússia é um país rude e vigoroso; é também um país muito grande; e precisará de um longo período de paz e desenvolvimento interno. Três coisas podem ocorrer. A Rússia pode mostrar-nos como um governo estável e uma cultura florescente podem ser transmitidos apenas através de elites, pode cair em letargia oriental, ou a elite governante pode seguir o rumo de outras elites governantes e tornar-se uma classe governante. Tampouco podemos confiar em qualquer evidência dos Estados Unidos da América. A verdadeira revolução naquele país não foi aquela que se chama Revolução nos livros de história, mas é uma conseqüência da Guerra Civil; após a qual surgiu uma elite plutocrática; após a qual a expansão e o desenvolvimento material do país foram acelerados; após a qual foi admitida aquela onda de imigração mista, trazendo (ou antes, multiplicando) o perigo do estabelecimento de um sistema de *castas*[5] que ainda não foi total-

---

5. Acredito que a diferença essencial entre um sistema de castas e um sistema de classes é que a base do primeiro é uma diferença tal que a classe dominante passa a se considerar uma *raça* superior.

mente afastado. Para o sociólogo, o testemunho da América ainda não está maduro. Nosso outro testemunho de um governo de elite vem principalmente da França. Uma classe governante, que por um longo período em que o Trono era todo-poderoso deixou de governar, foi reduzida ao nível ordinário de cidadania. A França moderna não teve classe governante: sua vida política na Terceira República, não importa o que mais digamos dela, foi *transtornada*. E neste ponto podemos frisar que, quando uma classe dominante, não interessa quão mal desempenhou sua função, é removida à força, sua função não é inteiramente assumida por nenhuma outra. O "vôo dos gansos selvagens" talvez seja um símbolo do mal que a Inglaterra causou à Irlanda – mais sério, sob este ponto de vista, do que os massacres de Cromwell, ou quaisquer das outras ofensas que os irlandeses alegremente relembram. Pode também ser que a Inglaterra tenha feito mais mal a Gales e à Escócia atraindo suas classes superiores a certas escolas públicas do que pelos males (alguns verdadeiros, outros imaginários, outros ainda mal entendidos) clamados pelos seus respectivos nacionalistas. Mas, aqui novamente, quero reservar um julgamento sobre a Rússia. Esse país, à época de sua revolução, poderia estar ainda num estágio tão inicial de seu desenvolvimento que a remoção de sua classe superior não apenas não impediu esse desenvolvimento como o estimulou. Há, entretanto, alguma base para acreditarmos que a remoção de uma classe superior num estágio mais desenvolvido pode ser um desastre para um país; e quase certamente se essa remoção for devida à intervenção de uma outra nação.

Tenho falado, nos parágrafos precedentes, pricipalmente da "classe governante" e da "elite governante". Mas devo lembrar novamente ao leitor que, ao nos preocuparmos com a classe *versus* a elite, nos preocupamos com a cultura total de um país, e isso envolve bem mais do que governar. Podemos nos entregar, com alguma confiança, a uma elite governante, assim como os romanos republicanos concediam poder aos ditadores, desde que tenhamos em mente um *propósito definido* durante uma crise – e uma crise pode durar muito tempo. Esse propósito limitado torna também possível escolher a elite, pois sabemos para que a estamos escolhendo. Mas se estivermos procurando um meio de selecionar as pessoas certas para constituir cada elite, para um futuro indefinido, por qual mecanismo o faremos? Se nosso "propósito" for apenas levar as melhores pessoas, em cada rumo da vida, ao topo, não temos um critério para apontar as melhores pessoas; ou, se impusermos um critério, ele terá um efeito opressivo sobre a inovação. O trabalho novo de um gênio, seja na arte, na ciência ou na filosofia, encontra freqüentemente oposição.

Tudo o que nos preocupa no momento é se podemos, apenas através da educação, garantir a transmissão de cultura numa sociedade em que alguns educadores parecem indiferentes às distinções de classe, e da qual outros educadores desejam remover totalmente essas distinções. De qualquer maneira, há o perigo de interpretar "educação" de modo a abranger muito e muito pouco: muito pouco, quando implica que a educação deve limitar-se ao que pode ser ensinado; muito, quando implica que tudo o que vale a pena preservar pode ser transmitido por ensinamento. Na sociedade almejada por alguns reformadores, aquilo que a família pode transmitir será limitado ao mínimo, especialmente se a criança deve ser, como espera o Sr. H. C. Dent, manipulada "do berço ao túmulo" por um sistema educacional unificado. E a não ser que a criança seja classificada, pelos oficiais que se incubirem de selecioná-la, como igualzinha a seu pai, será criada num ambiente escolar diferente – não necessariamente melhor, uma vez que todos serão igualmente bons, mas diferente – e treinada no que a opinião oficial do momento considerar serem "as linhas genuinamente democráticas". As elites, conseqüentemente, consistirão penas em indivíduos cujo único laço comum será seu interesse profissional: sem qualquer coesão social, sem qualquer continuidade social. Serão unidos apenas por uma parte, e a mais consciente, de suas personalidades; irão encontrar-se como comitês. A maior parte de sua "cultura" será apenas o que compartilham com todos os outros indivíduos que compõem a sua nação.

O caso de uma sociedade com uma estrutura da classes, a afirmação de que ela é, em certo sentido, a sociedade "natural", é prejudicado se nos permitirmos ser hipinotizados pelos dois termos contrastantes, *aristocracia* e *democracia*. O problema todo é falseado se usarmos esses termos antiteticamente. O que propus não é uma "defesa da aristocracia" – uma ênfase sobre a importância de um órgão da sociedade. É antes um apelo em favor de uma forma de sociedade na qual uma aristocracia teria uma função peculiar e essencial, tão peculiar e essencial quanto a função de qualquer outra parte da sociedade. O que é importante é uma estrutura de sociedade na qual haverá, do "topo" à "base", uma gradação contínua de níveis culturais; é importante lembrar que não deveríamos considerar os níveis superiores como possuidores de *mais* cultura do que os inferiores, mas como representantes de uma cultura mais consciente e de uma maior especialização da cultura. Inclino-me a crer que nenhuma democracia verdadeira pode manter-se a menos que contenha esses níveis diferentes de cultura. Os níveis de cultura podem também ser vistos como níveis de poder, na medida em que um grupo menor num nível mais alto terá tanto poder quanto um grupo maior num nível mais baixo; pois pode-se argumentar que a igualdade completa significa irresponsabilidade universal; e em tal sociedade como a imagino, cada indivíduo herdaria uma maior ou menor responsabilidade para com a comunidade, de acordo com a posição que ele herdou na sociedade – cada classe teria responsabilidades um pouco diferentes. Uma democracia na qual cada um tivesse responsabilidades iguais em tudo seria opressiva para os conscienciosos e licenciosa para o resto.

Existem outras bases sobre as quais uma sociedade graduada pode ser defendida; e eu espero, de modo geral, que este ensaio vá sugerir linhas de raciocínio que eu mesmo não explorarei; mas devo constantemente lembrar ao leitor os limites do meu tema. Se concordarmos que o veículo primário para a transmissão de cultura é a família, e se concordarmos que numa sociedade mais altamente civilizada deve haver níveis diferentes de cultura, concluiremos que, para assegurar a transmissão de cultura desses diferentes níveis, deve haver grupos de famílias persistindo, geração após geração, cada qual no mesmo modo de vida.

E novamente devo repetir que as "condições para cultura" que levantei não produzem necessariamente a civilização superior: afirmo apenas que, quando estiverem ausentes, será improvável encontrar a civilização superior.

3. UNIDADE E DIVERSIDADE: A REGIÃO

> *Uma diversificação entre as comunidades humanas é essencial para o fornecimento do incentivo e material para a Odisséia do espírito humano. Outras nações de hábitos diferentes não são inimigas: são dádivas de Deus. Os homens exigem de seus vizinhos algo suficientemente semelhante para ser entendido, algo suficientemente diferente para chamar a atenção, e algo grande o bastante para provocar admiração.*
>
> A. N. WHITEHEAD, Science and the Modern World.

Um tema recorrente neste ensaio é que um povo não deveria ser nem muito unido nem muito dividido, para que floresça a sua cultura. Excesso de unidade pode provir de barbarismo e conduzir à tirania; excesso de divisão pode ser devido a decadência e pode também conduzir à tirania; qualquer um dos excessos bloqueará um desenvolvimento posterior da cultura. Não se pode determinar o grau adequado de unidade e de diversidade para todos os povos em todos os tempos. Podemos apenas expor e ilustrar alguns departamentos nos quais o excesso ou a falta é perigoso; o que é necessário, benéfico ou prejudicial para um povo específico numa época específica deve ser deixado para a sabedoria do sábio e para a perspicácia do estadista. Nem a sociedade sem classes, nem a sociedade sem barreiras sociais rígidas e impenetráveis é boa; cada classe deveria sofrer constantes aquisições e deleções; as classes, enquanto permanecessem distintas, deveriam poder misturar-se livremente; e deveriam todas possuir uma comunidade de cultura com a outra que lhes desse algo em comum, mais fundamental do que a comunidade que cada classe possui com a sua equivalente em outra sociedade. No capítulo anterior, levamos em conta os desenvolvimentos especiais de cultura por classe; teremos agora que considerar os desenvolvimentos especiais de cultura por região.

Das vantagens da unidade administrativa e sentimental raramente precisamos ser lembrados, após a experiência da guerra; mas supõe-se freqüentemente que a unidade do tempo de guerra deveria ser preservada em tempo de paz. Entre quaisquer pessoas engajadas em atividade bélica, especialmente quando a guerra parece, ou pode ser feita parecer, puramente defensiva, cabe esperar uma unidade espontânea de sentimento que é genuína, um fingimento dessa unidade por parte daqueles que desejam apenas fugir ao ódio e, de todos, a submissão aos comandos das autoridades constituídas. Seria de esperar que se encontrasse a mesma harmonia e docilidade entre os sobreviventes de um naufrágio a bordo de um bote salva-vidas. As pessoas lastimam constantemente que a mesma unidade, o mesmo auto-sacrifício e a mesma fraternidade que prevalecem numa emergência não conseguem sobreviver à própria emergência. A maioria das platéias da peça de Barrier, *The Admirable Crichton*, chegaram à conclusão de que a organização social na ilha estava correta, e que a organização social na mansão estava errada; não estou convencido de que a peça de Barrier não seja suscetível de uma interpretação diferente. Devemos distinguir, em todos os eventos, entre o tipo de unidade que é necessário numa emergência, e aquele que é apropriado para o desenvolvimento da cultura numa nação em paz. É concebível, naturalmente, que um período de "paz" pode ser um período de preparação para a guerra, ou de continuação do estado de guerra sob outra forma; situação em que podemos esperar um estímulo deliberado do sentimento patriótico e um rigoroso controle central do governo. Poder-se-ia esperar também que, em tal período, a "guerra econômica" fosse conduzida por uma rígida disciplina do governo, e não deixada aos guerrilheiros e mercenários dos negócios. Porém estou preocupado aqui com o tipo e grau de unidade desejáveis num país que esteja em paz com os outros, pois, se não podemos ter períodos de paz verdadeira, é totalmente inútil esperar por cultura. O tipo de unidade com que estou preocupado não é exprimível como um estusiasmo comum ou um propósito comum: entusiasmos e propósitos são sempre passageiros.

A unidade com que estou preocupado deve ser bastante inconsciente, e portanto pode talvez ser melhor abordada através de uma consideração das diversidades úteis. Trato aqui da diversidade de região. É importante que um homem se sinta não somente um cidadão de uma certa nação, mas um cidadão de uma certa parte de sua nação, com lealdades locais. Estas, assim como a lealdade à classe, nascem da lealdade à família. Certamente, um indivíduo pode desenvolver a mais ardorosa devoção por um lugar em que não nasceu, e por uma comunidade com a qual não possui laços ancestrais. Mas creio que deveríamos concordar em que haveria algo de artificial, algo um pouco consciente demais, numa comunidade de pessoas com um forte sentimento local, que tivessem todas vindo de outros lugares. Acredito que deveríamos dizer que precisamos esperar por uma ou duas gerações uma lealdade que os habitantes herdassem, e que não fosse o resultado de uma opção consciente. No geral, pareceria ser melhor que a grande maioria dos seres humanos devesse continuar vivendo no lugar onde nasceram. Lealdade de família, lealdade de classe e lealdade local amparam-se mutuamente; e, se uma delas degenerar, as outras também sofrerão.

O problema do "regionalismo" raramente é visualizado de sua perspectiva correta. Introduzo o termo "regionalismo" propositadamente, por causa das associações que pode eliciar. Acho que, para a maioria das pessoas, isso significa a idéia de algum pequeno grupo de descontentes locais conduzindo uma agitação política que, por não ser formidável, é considerada cômica – pois qualquer movimento que é supostamente uma causa perdida sempre desperta o ridículo. Esperamos encontrar "regionalistas" tentando fazer reviver alguma língua que está desaparecendo e deveria desaparecer; ou retomar costumes de uma época passada que perderam toda a significação; ou obstruir o inevitável e aceito progresso da mecanização e da indústria em larga escala. Os campeões da tradição local, de fato, constantemente fracassam em se aproveitar do seu caso; e quando, como ocorre às vezes, são energicamente combatidos e ridicularizados no seio de seu próprio povo, o observador de fora sente que não há razão para levá-los a sério. Eles às vezes elaboram mal o seu próprio caso. Inclinam-se a formular a solução inteiramente em termos políticos; e, como podem ser politicamente inexperientes, e ao mesmo tempo agitados por motivos mais profundos do que os políticos, seus programas podem ser patentemente impraticáveis. E quando sugerem um programa econômico, também aí são atrapalhados por terem motivos mais profundos do que a economia, em comparação com homens que têm a reputação de serem práticos. Além disso, o regionalista comum está preocupado unicamente com os interesses de sua própria região, e sugere portanto ao seu vizinho do outro lado da divisa que aquilo que é do interesse de um deve ser desvantajoso para o outro. O inglês, por exemplo, não pensa normalmente na Inglaterra como uma "região" do mesmo modo que um escocês ou um galês pensa na Escócia ou em Gales; e enquanto não estiver claro para ele que seus interesses também estão envolvidos, sua solidariedade não estará recrutada. Desse modo, o inglês pode identificar seus próprios interesses com uma tendência a obliterar as distinções locais e raciais, o que é tão prejudicial à sua cultura quanto à de seus vizinhos. Até que o caso seja generalizado, portanto, não é provável que receba uma atenção justa.

Neste ponto, o regionalista declarado, caso leia estas páginas, pode suspeitar que estou usando um truque que lhe é evidente. Meu objetivo, ele pode pensar, é tentar negar-lhe a autonomia política e econômica de sua região e acalmá-lo oferecendo-lhe um substituto, uma "autonomia cultural", que, por ser divorciada do poder econômico e político, será apenas um vestígio da coisa verdadeira. Estou bem ciente de que os problemas políticos, os econômicos e os culturais não podem ser isolados uns dos outros. Estou bem ciente de que qualquer "renascimento cultural" que deixasse intocadas as estruturas política e econômica dificilmente seria mais do que um antiquarianismo artificialmente sustentado: o que se quer não é reconstituir uma cultura desaparecida, ou reviver uma cultura em vias de desaparecimento sob condições modernas que a tornem impossível, mas fazer crescer uma cultura contemporânea sobre as velhas raízes. Porém as condições políticas e econômicas para o regionalismo sadio não são a preocupação do presente ensaio; nem são assuntos sobre os quais sou qualificado a falar. Nem deveria, acredito eu, ser o problema político ou o econômico a preocupação *primária* do verdadeiro regionalista. O valor *absoluto* é que cada área deveria ter sua cultura característica, que deveria também harmonizar-se com, e enriquecer, as culturas das áreas vizinhas. É necessário, se se quiser perceber esse valor, investigar alternativas políticas e econômicas para a centralização em Londres ou outro lugar qualquer; e aqui é uma questão do possível – do que pode ser feito para sustentar esse valor absoluto da cultura, sem dano à ilha como um todo e por conseqüência àquela sua parte também na qual o regionalista está interessado. Mas isto está fora do meu escopo.

Estamos, vocês terão percebido, preocupados precipuamente com a constelação específica de culturas encontrada nas Ilhas Britânicas. A mais nítida dentre as diferenças a ser considerada é a das áreas que ainda possuem línguas próprias. Mesmo esta divisão não é tão simples como parece; pois um povo (como os irlandeses que falam inglês) que perdeu sua língua pode preservar bastante da estrutura, do idioma, da entonação e do ritmo de sua língua original (o vocabulário é de pequena importância) para que sua fala e escrita tenham características não encontradas em qualquer outro lugar de sua língua de adoção. E por outro lado um "dialeto" pode preservar, no mais baixo nível de cultura, os vestígios de uma variedade da língua que uma vez teve importância igual às outras. Mas a inconfundível cultura *satélite* é aquela que preserva sua língua, mas que está tão associada com, e dependente de, outra que não apenas determinadas classes da população, mas todas elas, têm de ser bilíngües. Difere da cultura da pequena nação independente, no sentido de que na última comumente apenas determinadas classes é que precisam conhecer outra língua; e, na pequena nação independente, aqueles que precisam conhecer uma língua estrangeira provavelmente necessitarão de duas ou três, de modo que o empuxo em direção a uma cultura estrangeira será contrabalançado pela atração de pelo menos uma outra. Uma nação de cultura mais fraca pode estar sob a influência de uma ou de outra cultura mais forte em períodos diferentes; uma verdadeira cultura satélite é aquela que, por motivos geográficos ou outros, mantém uma relação permanente com outra mais forte.

Quando consideramos o que eu chamo de cultura satélite, encontramos duas razões contrárias ao consentimento de sua absorção total pela cultura mais forte. A primeira objeção é tão profunda que simplesmente deve ser aceita: é o instinto de cada coisa viva de continuar sua existência. O ressentimento contra a absorção é às vezes sentido mais fortemente, e bradado na mais alta voz, por aqueles indivíduos nos quais ele está unido a uma consciência não-admitida de inferioridade ou fracasso; e, por outro lado, é constantemente repudiado por aqueles indivíduos para os quais a adoção da cultura mais forte significou sucesso – maior poder, prestígio ou riqueza do que poderiam ter se a sua sorte tivesse sido circunscrita à sua área de origem[1]. No entanto, quando consideramos o testemunho desses dois tipos de indivíduos, podemos afirmar que qualquer povo pequeno e vigoroso deseja preservar a sua individualidade.

A outra razão para a preservação da cultura local é a mesma razão também para a cultura satélite continuar a ser satélite, e não ir tão longe a ponto de tentar separar-se completamente. É que a satélite exerce uma influência considerável sobre a cultura mais forte; e desse modo desempenha um papel mais relevante no mundo em geral do que poderia fazê-lo isoladamente. Se a Irlanda, a Escócia e Gales se separassem completamente

---

1. Não se ignora, contudo, que o auto-exílio bem-sucedido manifesta às vezes um sentimento exagerado para com a região natal, à qual pode retornar nas férias, ou para gozar a opulenta aposentadoria de seus dias de velhice.

da Inglaterra, separar-se-iam também da Europa e do mundo, e nenhuma alusão a antigas alianças iria ajudar nos negócios. Mas é o outro lado da questão que mais me interessa, pois é o lado que tem recebido menor reconhecimento. É que a sobrevivência da cultura satélite é de enorme importância para a cultura mais forte. Não seria vantagem alguma para a cultura inglesa se os galeses, os escoceses e os irlandeses se tornassem indistinguíveis dos ingleses – o que *poderia* acontecer, naturalmente, é que todos nós nos tornaríamos "britânicos" descaracterizados e indistinguíveis, num nível menor de cultura do que o de qualquer das regiões separadas. Ao contrário, é uma grande vantagem para a cultura inglesa ser constantemente influenciada pela Escócia, pela Irlanda e por Gales.

Um povo é julgado pela história de acordo com sua contribuição para a cultura de outros povos florescentes à mesma época e segundo a sua contribuição para as culturas que surgiram daí em diante. É desse ponto de vista que encaro a questão da preservação de línguas – não estou interessado em línguas num estágio avançado de decadência (ou seja, quando não são mais adequadas às necessidades de expressão dos membros mais educados da comunidade). Às vezes se considera vantagem, e motivo de glória, que a língua de uma pessoa seja um meio necessário para tantos estrangeiros quanto possível: não estou certo de que essa popularidade não apresente graves perigos a qualquer língua. Uma vantagem menos dúbia para certas línguas que são nativas para muitas pessoas é que se tornaram, por causa do trabalho feito por cientistas e filósofos que pensaram nessas línguas, e por causa das tradições assim criadas, veículos para o pensamento abstrato e científico melhores do que outros. O caso das línguas mais restritas deve ser colocado em bases que tenham um apelo menos imediato.

A pergunta que podemos fazer sobre uma língua como o galês é se tem alguma utilidade para o mundo em geral o fato de ser ela usada em Gales. Mas isso é, de fato, o mesmo que perguntar se os galeses, *qua* galeses, têm alguma utilidade, não como seres humanos, naturalmente, mas como os preservadores e perpetuadores de uma cultura que não é a inglesa. A contribuição direta à poesia por galases e homens de estração galesa que escreveram em inglês é bastante considerável; e considerável é também a influência de sua poesia sobre poetas de diferentes origens raciais. O fato de uma grande quantidade de poesia ter sido escrita na língua galesa, nos tempos em que a língua inglesa era desconhecida em Gales, é de importância menos imediata; pois não há razão pela qual essa poesia não deva ser estudada por aqueles que se deram o trabalho de aprender a língua, nos mesmos termos da poesia escrita em latim ou grego. Superficialmente, pareceria haver todas as razões para que os poetas galeses compusessem exclusivamente em língua inglesa: pois não conheço nenhum caso de um poeta que tenha atingido a primeira classe em ambas as línguas; e a influência galesa sobre a poesia inglesa tem sido feita principalmente através da obra de poetas galeses que escreveram apenas em inglês. Deve ser lembrado, porém, que, para a transmissão de uma cultura – um modo peculiar de pensar, sentir e se comportar – e para a sua manutenção, não há garantia mais confiável do que uma língua. E para que sobreviva com esse propósito deve continuar a ser uma língua literária – não necessariamente uma língua científica, mas certamente uma língua poética; caso contrário, a expansão da educação a extinguirá. A literatura escrita nessa língua não terá, naturalmente, um impacto direto no mundo todo; mas, se não for mais cultivada, o povo ao qual pertence (estamos considerando os galeses em particular) tenderá a perder seu caráter racial. Os galeses serão menos galeses; e seus poetas deixarão de ter qualquer contribuição a fazer à literatura inglesa, além de sua genialidade individual. E sou de opinião que os benefícios que os escritores escoceses, galeses e irlandeses trouxeram à literatura inglesa são muito maiores do que teria sido a contribuição de todos esses homens geniais, se tivessem eles, digamos, sido adotados por pais ingleses na primeira infância.

Não estou preocupado, num ensaio que visa pelo menos ao mérito da brevidade, em defender a tese de que é desejável que os ingleses continuem a ser ingleses. Sou obrigado a considerar isso como certo; e caso essa afirmação seja questionada, devo defendê-la em outra ocasião. Mas, se eu puder defender com algum sucesso a tese de que é vantajoso para a Inglaterra que os galeses continuem galeses, os escoceses escoceses e irlandeses irlandeses, então o leitor deveria estar disposto a concordar em que pode haver alguma vantagem para outros povos em que os ingleses continuem ingleses. É uma parte essencial do meu ponto que, caso as outras culturas das Ilhas Britânicas fossem totalmente substituídas pela cultura inglesa, a cultura inglesa também desapareceria. Muitas pessoas parecem considerar ponto pacífico que a cultura inglesa é algo auto-suficiente e seguro; que persistirá, não importa o que aconteça. Enquanto alguns se recusam a admitir que qualquer influência estrangeira possa ser ruim, outros assumem complacentemente que a cultura inglesa poderia florescer em completo isolamento do Continente. Para muitos nunca ocorreu pensarem que o desaparecimento das culturas periféricas da Inglaterra (sem falar das peculiaridades locais mais humildes dentro da própria Inglaterra) poderia ser uma calamidade. Não temos dado atenção bastante à ecologia das culturas. É provável, creio eu, que uma uniformidade completa de cultura em todas essas ilhas causaria um nível mais baixo de cultura para todos.

Deveria estar claro que não tento uma solução para o problema regional; e que a "solução" teria de qualquer modo que variar indefinidamente de acordo com as necessidades e possibilidades locais. Estou apenas tentando separar, e deixar para outros juntarem novamente, os elementos do problema. Não apóio nem refuto quaisquer propostas específicas para reformas regionais particulares. A maioria das tentativas de resolver o problema me parecem sofrer de uma omissão em examinar de perto ou a unidade, ou as diferenças, entre os aspectos culturais, políticos e econômicos. Lidar com um desses aspectos, excluindo os outros, é produzir um programa que parecerá, por sua inadequação, um tanto absurdo. Se a causa nacionalista do regionalismo fosse levada muito longe, certamente conduziria ao absurdo. A íntima associação dos bretões com os franceses, e a dos galeses com os ingleses, é vantajosa para todos: uma associação da Bretanha (francesa) e de Gales que rompesse suas conexões com a França e a Inglaterra respectivamente seria uma desgraça sem limites. Pois uma cultura nacional, para florescer, deveria ser uma constelação de culturas cujos componentes, beneficiando-se mutuamente, beneficiam o todo.

Neste ponto introduzo uma nova noção: a da vital importância, para uma sociedade, do *atrito* entre suas partes. Acostumados como estamos a pensar com figuras de linguagem tiradas da maquinaria, supomos que uma sociedade, como uma máquina, deveria ser tão bem lubrificada quanto possível, equipada com rolamentos do melhor aço. Pensamos em atrito como desperdício de energia. Não tentarei fazer qualquer analogia; talvez quanto menos pensarmos em analogias neste ponto, melhor. No capítulo anterior, sugeri que, numa sociedade que se tornasse permanentemente disposta num sistema de castas ou sem classes, a cultura degeneraria; poder-se-ia até colocar que uma sociedade sem classes deveria estar sempre tendendo à classe, e uma sociedade de classes deveria tender à obliteração de suas dintinções de classe. Proponho agora que tanto a classe como a região, por dividirem os habitantes de um país em dois tipos distintos de grupos, levam a um conflito favorável à criatividade e ao progresso. E (para lembrar ao leitor o que eu disse em minha introdução) esses são apenas dois de um número indefinido de conflitos e ciúmes que deveriam ser proveitosos para a sociedade. De fato, quanto mais, melhor; de modo que cada um deveria ser um aliado de todos os outros em relação a certas coisas, e um oponente em relação a várias outras, e nenhum conflito, inveja ou temor dominará.

Como indivíduos, descobrimos que nosso desenvolvimento depende das pessoas com as quais nos encontramos no decurso de nossas vidas. (Essas pessoas incluem os autores cujos livros lemos, e personagens em obras de ficção e de história.) O benefício desses encontros se deve tanto às diferenças quanto às semelhanças; ao conflito, tanto quanto à simpatia, entre as pessoas. Afortunado o homem que, no momento certo, encontra o amigo certo; afortunado também o homem que, no momento certo, encontra o inimigo certo. Não aprovo o extermínio do inimigo: a política de exterminar ou, como se diz barbaramente, liquidar inimigos é um dos mais alarmantes desenvolvimentos da guerra e paz modernas, do ponto de vista daqueles que desejam a sobrevivência da cultura. Precisamos do inimigo. Do mesmo modo, o atrito, dentro de limites, não só entre indivíduos mas entre grupos, me parece ser muito necessário à civilização. A universalidade da irritação é a melhor garantia da paz. Um país dentro do qual as divisões tenham ido longe demais é um perigo para si mesmo; um país que seja por demais unido – seja por natureza ou por artifício, por propósito honesto ou por fraude e opressão – é uma ameaça para outros. Na Itália e na Alemanha, vimos que uma unidade com objetivos político-econômicos, imposta violenta e muito rapidamente, teve efeitos infelizes sobre ambas as nações. Suas culturas desenvolveram-se ao longo de uma história de regionalismo extremo, e extremamente subdividido; a tentativa de ensinar os alemães a pensarem em si primeiramente como alemães, e a tentativa de ensinar os italianos a pensarem em si primeiramente como italianos, ao invés de se pensarem como naturais de um pequeno principado ou cidade específicos, deveria perturbar a cultura tradicional da qual, sozinha, poderia crescer qualquer cultura futura.

Posso colocar a idéia da importância do conflito dentro de uma nação de modo mais positivo, insistindo sobre a importância de várias e algumas vezes conflitantes lealdades. Se considerarmos apenas essas duas divisões, de classe e de região, deveriam até certo ponto operarem uma contra a outra: um homem teria certos interesses e simpatias em comum com outros homens da mesma cultura local, e contra aqueles homens de sua própria classe em outro lugar; e interesses e simpatias em comum com outros de sua classe, sem consideração do lugar. Numerosas divisões cruzadas favorecem a paz dentro de uma nação, dispersando e confundindo animosidades; favorecem a paz entre as nações, dando a cada homem bastante antagonismo em casa para exercitar toda a sua agressividade. A maioria dos homens normalmente não gosta de estrangeiros, e é facilmente inflamada contra eles; e não é possível para a maioria saber muito sobre povos estrangeiros. Uma nação que possua gradações de classe, sendo as outras coisas iguais, me parece ser provavelmente mais tolerante e pacífica do que outra que não seja assim organizada.

Até agora, temos seguido do maior para o menor, descobrindo que uma cultura nacional é a resultante de um número indefinido de culturas locais, que, por sua vez analisadas, são compostas de culturas locais ainda menores. Idealmente, cada aldeia, e naturalmente de forma mais visível as cidades maiores, deveriam ter cada uma sua característica peculiar. Mas já sugeri que uma cultura nacional é a melhor para entrar em contato com culturas de fora, uma como a outra dando e recebendo: e agora devemos prosseguir na direção oposta, do menor para o maior. À medida que seguimos nessa direção, descobrimos que o conteúdo do termo *cultura* passa por alguma mudança: a palavra *significa* algo um pouco diferente, quando estamos falando da cultura de uma aldeia, de uma pequena região, de uma ilha como a Grã-Bretanha que compreende várias culturas raciais distintas; e o significado se altera muito mais quando chegamos a falar de "cultura européia". Devemos abandonar a maioria das associações políticas, pois, enquanto em tais unidades menores de cultura que acabo de mencionar existe normalmente uma certa unidade de governo, a unidade governamental do Sacro Império Romano era, durante a maior parte do período compreendido por esse termo, tanto precária quanto amplamente nominal. Sobre a natureza da unidade cultural na Europa Ocidental, escrevi nas três conferências radiofônicas – compostas para outra platéia e portanto num estilo algo diferente do corpo desse ensaio – que acrescentei como apêndice sob o título de "A Unidade da Cultura Européia". Não tentarei cobrir a mesma área neste capítulo, mas continuarei a indagar que significado, se é que existe algum, pode ser atribuído ao termo "cultura mundial". A investigação de uma possível "cultura mundial" teria um interesse particular para aqueles que propugnam por qualquer dos vários esquemas de uma federação mundial, ou de um governo mundial: pois, obviamente, enquanto existirem culturas que são além de algum ponto antagonistas entre si, antagonistas a ponto de se tornarem irreconciliáveis, todas as tentativas de unificação político-econômica serão inúteis. Digo "além de algum ponto", porque nas relações de duas culturas quaisquer haverá duas forças opostas equilibrando uma à outra: atração e repulsão – sem a atração não poderiam afetar uma à outra, e sem a repulsão não poderiam sobreviver como culturas distintas; uma absorveria a outra, ou ambas se fundiriam numa única cultura. Ora, os zelotas do governo mundial me parecem, às vezes, admitirem, inconscientemente, que sua unidade de organização tem um valor absoluto e que, se algumas diferenças entre culturas atrapalham, estas devem ser abolidas. Se esses zelotas forem do tipo humanitário, admitirão que tal processo ocorrerá naturalmente e sem dor: podem, sem o saberem, ter como certo que a cultura mundial final será simplesmente uma extensão daquela a que eles próprios pertencem. Nossos irmãos russos, que são mais realistas, senão algo mais prático com o tempo, têm muito mais consciência da irreconciabilidade entre culturas; e parecem sustentar o ponto de vista de que qualquer cultura incompatível com a sua própria deveria ser erradicada à força.

Os planificadores mundiais que são sérios e humanos, contudo, podem – se acreditarmos que seus métodos terão sucesso – ser uma ameaça tão grave à cultura quanto aqueles que praticam métodos mais violentos. Isto porque, do que aleguei acerca do valor de culturas locais, deve-se inferir que uma cultura mundial que não fosse simplesmente uma cultura *uniforme* não seria de modo nenhum uma cultura. Teríamos uma humanidade desumanizada. Seria um pesadelo. Mas, por outro lado, não podemos abandonar totalmente a idéia de cultura mundial. Pois, se nos contentarmos com o ideal de "cultura européia", ainda seremos incapazes de fixar quaisquer fronteiras definidas. A cultura européia tem uma área, mas não fronteiras definidas: e não podemos construir muralhas chinesas. A noção de uma cultura européia puramente retraída seria tão fatal quanto a noção de uma cultura nacional reservada: no final tão absurda quanto a noção de preservar uma cultura local não-contaminada numa aldeia ou município isolado da Inglaterra. Somos, portanto, pressionados a manter o ideal de uma cultura mundial, embora admitindo que é algo que não podemos *imaginar*. Podemos tão-somente concebê-la, como o termo lógico de relações entre culturas. Assim como reconhecemos que as partes da Grã-Bretanha devem ter, num sentido, uma cultura comum, embora essa cultura comum seja real apenas em manifestações locais diversas, também devemos aspirar a uma cultura mundial comum, que ainda assim não diminuirá a particularidade das partes constituintes. E aqui, é claro, estamos finalmente diante da religião, que até agora, na consideração de diferenças locais dentro da mesma área, não tivéramos de enfrentar. Em última análise, religiões antagônicas devem significar culturas antagônicas; e, afinal de contas, religiões não podem ser reconciliadas. Do ponto de vista oficial da Rússia, há duas objeções à religião: primeiro, naturalmente, que a religião é capaz de proporcionar uma lealdade diferente da exigida pelo Estado; e segundo, que existem várias religiões no mundo ainda sustentadas firmemente por muitos crentes. A segunda objeção é talvez até mais séria do que a primeira: pois, onde existe uma única religião, é sempre possível que essa religião possa ser sutilmente alterada de modo a impor conformidade ao invés de estimular resistência ao Estado.

Temos melhores condições de nos manter leais ao ideal da cultura mundial inimaginável, se reconhecermos todas as dificuldades, a impossibilidade prática, de sua realização. E há outras dificuldades que não podemos ignorar. Até agora consideramos as culturas como se todas elas viessem à luz pelo mesmo processo de crescimento: o mesmo povo no mesmo lugar. Mas existe o problema *colonial*, e o problema da *colonização*: é uma pena que o termo "colônia" tenha tido de substituir dois significados totalmente diferentes. O problema colonial é o da relação entre uma cultura nativa indígena e uma cultura estrangeira, quando uma cultura externa superior foi imposta, muitas vezes à força, à inferior. Esse problema é insolúvel, e assume diversas formas. Existe um problema quando entramos em contato com uma cultura inferior pela primeira vez: há pouquíssimos lugares no mundo onde isso ainda é possível. Há outro problema, onde uma cultura nativa já começou a desintegrar-se sob a influência externa, e onde uma população nativa já absorveu mais da cultura estrangeira do que ela pode expelir algum dia. Há um terceiro problema, onde, como em algumas das Índias Ocidentais, vários povos erradicados foram misturados ao acaso. E esses problemas são insolúveis, no sentido de que, por mais que façamos no intuito de solucioná-los ou mitigá-los, não sabemos de modo geral o que estamos fazendo. Devemos estar cônscios deles; devemos fazer o que podemos, tanto quanto nos permitir a nossa compreensão; porém muitas forças mais entram nas mudanças da cultura de um povo do que podemos apreender ou controlar; e qualquer desenvolvimento de cultura positivo e excelente é sempre um milagre quando acontece.

O problema da colonização nasce da migração. Quando os povos migraram através da Ásia e da Europa nos tempos primitivos e pré-históricos, era toda uma tribo, ou ao menos uma parte bastante representativa dela, que se movimentava junto. Portanto, era uma cultura que se movia. Nas migrações dos tempos modernos, os emigrantes vieram de outros países já altamente civilizados. Vieram de regiões onde o desenvolvimento da organização social já era complexo. As pessoas que migravam nunca representaram o todo da cultura do país de onde vieram, ou representaram-na em proporções bastante diferentes. Transplantaram-se de acordo com alguma determinação social, religiosa, econômica ou política, ou alguma mistura particular de todas elas. Houve, portanto, algo nas transferências análogo, em natureza, ao cisma religioso. As pessoas levaram consigo apenas uma parte da cultura total de que participavam enquanto estavam no lar. A cultura que se desenvolve no novo solo, portanto, deve ser desnorteantemente igual e diferente da cultura dos pais: será complicada às vezes por algumas relações estabelecidas com alguma raça nativa, e posteriormente por imigração de outra fonte que não a original. Nesse caso, aparecem tipos peculiares de simpatia de cultura e conflito de cultura, entre as áreas povoadas pela colonização, e as regiões da Europa de onde vieram os migrantes.

Há finalmente o caso particular da Índia, onde é possível encontrar quase toda complicação para derrotar o planificador de cultura. Existe uma estratificação da sociedade, que não é puramente social mas até certo ponto racial, num mundo hindu que compreende pessoas com uma antiga tradição de alta civilização, e tribos de cultura na verdade muito primitiva. Há o Brahmanismo e há o Islã. Existem duas ou mais culturas importantes sobre bases religiosas totalmente diferentes. Dentro desse mundo confuso entrou o britânico, com sua certeza de que a sua cultura era a melhor do mundo, sua ignorância da relação entre cultura e religião, e (ao menos desde o século XIX) sua suave presunção de que a religião era assunto secundário. É próprio dos homens, quando não compreendem outro ser humano e não podem ignorá-lo, exercer uma pressão inconsciente sobre essa pessoa para revertê-la para algo que *podemos* compreender: muitos maridos e esposas exercem essa pressão um sobre o outro. O efeito sobre a pessoa assim influenciada é quase sempre a repressão e a distorção, em vez do desenvolvimento, da personalidade; e nenhum homem é bom o bastante para ter o direito de mudar um outro segundo sua própria imagem. Os benefícios da regra britânica logo se perderam, mas os efeitos maléficos da sublevação de uma cultura nativa por uma estrangeira permanecerão. Oferecer a outro povo primeiro sua cultura, e depois sua religião, constitui uma inversão de valores: e embora todo europeu represente, definitivamente, a cultura a que pertence, apenas uma pequena minoria são dignos representantes de sua fé religiosa[2].

---

2. É interessante especular, mesmo que não possamos provar nossas conclusões, o que teria acontecido à Europa Ocidental se a conquista ro-

A única perspectiva de estabilidade na Índia parece ser a alternativa de um desenvolvimento, esperamos que em condições pacíficas, para uma frouxa federação de reinos, ou para uma uniformidade de massa atingível apenas à custa da abolição das distinções de classe e do abandono de toda religião – o que significaria o desaparecimento da cultura indiana.

Julguei ser necessário fazer essa rápida excursão pelos vários tipos de relação cultural entre uma nação e os diferentes tipos de área estrangeira, porque o problema regional dentro da nação tem de ser observado neste contexto mais amplo. Não pode haver, é claro, uma solução simples. Como eu disse, a melhoria e a transmissão de cultura nunca pode ser o objetivo direto de quaisquer das nossas atividades práticas: tudo o que podemos fazer é tentar ter em mente que tudo o que fizermos afetará nossa própria cultura ou a de algum outro povo. Podemos também aprender a respeitar qualquer outra cultura como um todo, por mais inferior à nossa que possa parecer, ou por mais que possamos desaprovar alguns aspectos seus: a destruição deliberada de outra cultura como um todo é um erro irreparável, quase tão maléfico quanto tratar seres humanos como animais. Mas quando damos nossa atenção à questão da unidade e diversidade dentro da área limitada que conhecemos melhor, e dentro da qual temos as mais freqüentes oportunidades de ação justa, é que podemos combater a desesperança que nos invade, quando nos demoramos demasiado sobre as perplexidades até então superiores à nossa medida.

Foi necessário lembrar-nos daquelas áreas consideráveis do globo, nas quais o problema assume uma forma diferente da nossa: daquelas áreas particularmente, nas quais duas ou mais culturas distintas estão tão inex-

---

mana tivesse imposto um padrão cultural que deixasse intocadas as crenças e práticas religiosas.

tricavelmente envolvidas entre si, em proximidade e na questão comum da existência, que o "regionalismo", como o concebemos na Grã-Bretanha, seria um escárnio. Para tais áreas é provável que um tipo muito diferente de filosofia política inspirasse ação política, diferente daquela em cujos termos estamos acostumados a pensar e agir nessa parte do mundo. É tão bom ter essas diferenças atrás da nossa mente, que podemos apreciar melhor as condições com que temos de nos haver em casa. Essas condições são as de uma cultura geral homogênea, associada com as tradições de uma religião: dadas essas condições, podemos manter a idéia de uma cultura nacional que buscará sua vitalidade nas culturas de suas várias áreas, dentro de cada uma das quais novamente haverá unidades de cultura menores com suas próprias peculiaridades locais.

4. UNIDADE E DIVERSIDADE: SEITA E CULTO

Tentei, no Capítulo 1, colocar-me num ponto de vista a partir do qual os mesmos fenômenos parecem tanto religiosos quanto culturais. Neste capítulo, estarei interessado na significação cultural das divisões religiosas. Embora as considerações aventadas, se dignas de serem levadas a sério, tivessem um interesse particular para aqueles cristãos que estão perplexos diante do problema da reunião cristã, elas pretendem mostrar, antes de tudo, que as divisões cristãs, e portanto os esquemas de reunião cristã, deveriam interessar não somente aos cristãos, mas a todos com exceção daqueles que defendem um tipo de sociedade que rompesse totalmente com a tradição cristã.

Afirmei, no primeiro capítulo, que na maioria das sociedades primitivas não existe uma distinção visível entre atividades religiosas e não-religiosas; e que, ao procedermos ao exame das sociedades mais desenvolvidas, percebemos uma distinção maior, e finalmente contraste e oposição, entre essas atividades. O tipo de identidade entre religião e cultura que observamos entre pessoas de nível muito baixo de desenvolvimento não pode tornar a suceder, a não ser na Nova Jerusalém. Uma religião superior é aquela em que é muito difícil de acreditar. Pois, quanto mais consciente se torna a crença, mais consciente se torna a descrença: surgem a indiferença, a dúvida e o ceticismo, e o empenho em adaptar os dogmas da religião àquilo em que as pessoas de cada época acham mais fácil de acreditar. Na religião superior, é mais difícil também adequar o comportamento às leis morais da religião. Uma religião superior impõe um conflito, uma divisão, tormento e luta dentro do indivíduo; um conflito muitas vezes entre o laicato e o clero; um conflito eventualmente entre Igreja e Estado.

O leitor pode sentir dificuldade em conciliar essas afirmações com o ponto de vista aventado no primeiro capítulo, segundo o qual sempre existe, mesmo nas sociedades mais conscientes e altamente desenvolvidas que conhecemos, um aspecto de identidade entre a religião e a cultura. Desejo manter *ambos* os pontos de vista. Não deixamos para trás o estágio mais primitivo de desenvolvimento: é sobre ele que construímos. A identidade de religião e cultura permanece ao nível da inconsciência, sobre o qual superpomos uma estrutura consciente em que a religião e a cultura são diferenciadas e podem opor-se. É lógico que o *significado* dos termos "religião" e "cultura" é alterado entre esses dois níveis. Tendemos constantemente a reverter ao nível de inconsciência, quando achamos a consciência uma carga pesada; e a tendência a essa reversão pode explicar a poderosa atração que a filosofia e a prática totalitárias podem exercer sobre a humanidade. O totalitarismo apela para o desejo de retornar ao útero. O contraste entre religião e cultura impõe uma força: escapamos dessa força tentando retornar a uma identidade de religião e cultura que prevaleceu num estágio mais primitivo; como quando nos entregamos ao álcool como paliativo, conscientemente buscamos a inconsciência. Somente através de um esforço ininterrupto é que podemos persistir em ser indivíduos numa sociedade, ao invés de meramente membros de uma multidão disciplinada. Não obstante, continuamos membros da multidão, mesmo quando conseguimos ser indivíduos. Por conseguinte, para os propósitos deste ensaio, sou obrigado a manter duas proposições contraditórias: a de que a religião e a cultura são aspectos de uma unidade, e que são elas duas coisas diferentes e contrastadas.

Tento, na medida do possível, considerar meus problemas do ponto de vista do sociólogo, e não do apologista cristão. A maioria das minhas generalizações pretende ter alguma aplicabilidade a toda religião, e não somente ao Cristianismo; e quando, como no que segue neste capítulo, discuto temas cristãos, é porque estou particularmente preocupado com a cultura cristã, com o Mundo Ocidental, com a Europa e com a Inglaterra. Quando digo que pretendo tomar, tão conseqüentemente quanto possível, o ponto de vista sociológico, devo esclarecer que não estou pensando que a diferença entre o ponto de vista sociológico e o religioso é mantida tão facilmente quanto a diferença entre um par de adjetivos pode levar-nos a supor. Podemos definir aqui o ponto de vista religioso como aquele a partir do qual indagamos se os dogmas de uma religião são verdadeiros ou falsos. Segue-se que estaremos adotando o ponto de vista religioso se somos ateus cujo pensamento se baseia na suposição de que todas as religiões são não-verdadeiras. Do ponto de vista sociológico, a verdade ou falsidade é irrelevante: estamos preocupados apenas com os efeitos comparativos de diferentes estruturas religiosas sobre a cultura. Ora, se os estudiosos do assunto fossem nitidamente divididos em teólogos, inclusive ateus, e sociólogos, o problema seria muito diferente do que é. Mas, primeiro, nenhuma religião pode ser "entendida" totalmente de fora – mesmo para os propósitos do sociólogo. Segundo, ninguém pode fugir totalmente ao ponto de vista religioso, porque no final se crê ou não se crê. Portanto, ninguém pode ser totalmente imparcial e desinteressado como seria o ideal sociológico. Conseqüentemente, o leitor deve tentar não só levar em consideração as idéias religiosas do autor, como também, o que é mais difícil, ter em conta as suas próprias – e ele pode nunca ter examinado inteiramente a sua própria mente. Assim, tanto o escritor quanto o leitor devem evitar de assumir que são totalmente distantes[1].

Devemos considerar agora a unidade e diversidade na crença e na prática religiosas, e investigar qual é a situação mais favorável à preservação e melhoramento da cultura. Em meu primeiro capítulo, sugeri que, entre aquelas "religiões superiores" que são mais propensas a continuar estimulando a cultura, estão aquelas que são capazes de ser aceitas por povos de culturas diferentes: aquelas que têm maior universalidade – embora a universalidade potencial em si mesma não seja talvez um critério de "cultura superior". Tais religiões podem fornecer um padrão básico de crença e comportamento comuns, sobre o qual podem ser tecidos vários padrões locais; e eles encorajarão uma influência recíproca dos povos entre si, de tal modo que qualquer progresso cultural numa área pode apressar o desenvolvimento em

---

1. Ver um valioso artigo do Prof. Evans-Pritchard sobre "Antropologia Social" em *Blackfriars* de novembro de 1946. Observa ele: "A resposta seria que o sociólogo deveria ser também um filósofo moral e que, como tal, teria um conjunto de crenças e valores definidos em termos dos quais avalia os fatos que estuda como sociólogo".

outra. Em certas condições históricas, uma violenta exclusividade pode ser uma condição necessária para a preservação de uma cultura: o Velho Testamento é testemunha disso[2]. A despeito dessa situação histórica particular, estaríamos aptos a concordar em que a prática de uma religião comum, por povos dotados de seu próprio caráter cultural, deveria usualmente promover a troca de influência para sua vantagem recíproca. Naturalmente, é concebível que uma religião pode acomodar-se com demasiada facilidade a várias culturas, e tornar-se assimilada sem assimilar; e que essa fraqueza pode tender a produzir o resultado oposto, se a religião se fragmentar em ramos ou seitas tão opostos que cessa a influência de uma sobre a outra. O Cristianismo e o Budismo estiveram expostos a esse perigo.

Desse ponto de vista, tão-somente no Cristianismo é que estou interessado; particularmente na relação entre o Catolicismo e o Protestantismo na Europa e a diversidade de seitas dentro do Protestantismo. Devemos tentar começar sem qualquer preconceito por, ou contra, a unidade ou a reunião ou a manutenção da identidade incorporada de denominações religiosas. Devemos ter em mente qualquer prejuízo que pareça ter sido feito à cultura européia, e à cultura de qualquer parte da Europa, pela divisão em seitas. De outro lado, devemos reconhecer que muitas das mais notáveis realizações culturais foram feitas a partir do século XVI, em condições de desunião: e que algumas, na verdade, como na Fran-

---

2. A mim me parece altamente desejável que haja contatos culturais estreitos entre cristãos devotos e praticantes e judeus devotos e praticantes. A maior parte dos contatos culturais do passado foram feitos dentro dessas zonas neutras de cultura nas quais se pode ignorar a religião, e entre judeus e gentios mais ou menos emancipados de suas tradições religiosas. O efeito disso pode ter sido reforçar a ilusão de que pode existir cultura sem religião. Neste contexto, recomendo a meus leitores dois livros do Prof. Will Herberg, publicados em New York: *Judaism and Modern Man* (Farrar, Straus and Culdahy) e *Protestant-Catholic-Jew* (Dobleday).

ça do século XIX, aparecem depois que os alicerces religiosos da cultura parecem ter sido desintegrados. Não podemos afirmar que, se houvesse persistido a unidade religiosa na Europa, essas ou outras realizações igualmente brilhantes teriam sido produzidas. A unidade religiosa ou a divisão religiosa pode coincidir com eflorescência cultural ou decadência cultural.

Deste ponto de vista, podemos alcançar uma pequena satisfação, que nunca chegaria a atingir o contentamento, quando passamos em revista a história da Inglaterra. Num país em que não apareceu *tendência* a Protestantismo, ou em que ela era negligenciável, sempre deve haver um perigo de petrificação religiosa, e de uma descrença agressiva. Num país em que as relações entre Igreja e Estado se faziam de modo bastante calmo, não importa mais, de nosso ponto de vista atual, se a causa é o eclesiasticismo, o domínio do Estado pela Igreja, ou o erastianismo, o predomínio da Igreja pelo Estado. Na verdade, nem sempre é fácil distinguir entre as duas condições. O efeito pode ser, igualmente, que toda pessoa descontente, ou toda vítima de injustiça, atribuirá seus infortúnios ao mal inerente à Igreja, ou a um mal inerente ao próprio Cristianismo. A obediência formal à Sé Romana não é em si mesma garantia de que, num país totalmente católico, a religião e a cultura não se tornarão identificadas estreitamente demais. Elementos de cultura local – mesmo de barbárie local – podem investir-se da santidade das observâncias religiosas, e a superstição eclodir sob a capa de devoção: um povo pode tender a descambar para a unidade religiosa e cultural que é própria das comunidades primitivas. O resultado da dominação inquestionada de um culto, quando o povo é passivo, pode ser o torpor; quando o povo é vivaz e auto-afirmativo, o resultado pode ser o caos. Pois, à medida que o descontentamento se transforma em inimizade, o preconceito anticlerical pode tornar-se uma tradição anti-religiosa; uma cultura distinta e hostil cresce e floresce, e uma nação é dividida contra si mesma. As facções têm de continuar a viver uma com a outra; e a linguagem comum e os meios de vida que mantêm, longe de abrandarem a animosidade, podem apenas exasperá-la. A divisão religiosa transforma-se num símbolo de um grupo de diferenças associadas, muitas vezes irracionalmente relacionadas; em torno dessas diferenças aglomeram-se uma miríade de mágoas, medos e interesses particulares; e o contexto para uma herança indivisível pode terminar apenas em exaustão.

Seria irrelevante aqui rever aquelas passagens sanguinárias da luta civil, como a da Guerra dos Trinta Anos, em que católicos e protestantes lutaram por tal herança. Disputas teológicas explícitas entre cristãos não mais atraem para si mesmas aqueles outros interesses irreconciliáveis que buscam uma decisão através das armas. As causas mais profundas da divisão ainda podem ser religiosas, mas se tornam conscientes, não em doutrinas teológicas, mas em teorias políticas, sociais e econômicas. Decerto, naqueles países em que prevalece a fé protestante, o anticlericalismo assume, muitas vezes, uma forma violenta. Em tais países, tanto a fé como a infidelidade tendem a ser moderadas e inofensivas; à medida que a cultura se torna secularizada, são mínimas as diferenças culturais entre fiéis e infiéis; a fronteira entre crença e descrença é vaga; o Cristianismo é mais flexível, o ateísmo mais negativo; e todas as partes vivem em amizade, enquanto continuarem a aceitar algumas convenções morais comuns.

Contudo, a situação na Inglaterra difere da existente em outros países, católicos ou protestantes. Na Inglaterra, como em outros países protestantes, o ateísmo foi na maioria das vezes de um tipo passivo. Nenhum estatístico poderia produzir uma estimativa dos números de cristãos e não-cristãos. Muitas pessoas vivem numa fronteira não-marcada envoltas em densa neblina; e aqueles que moram além dela são mais numerosos na selva escura da ignorância e da indiferença, do que no deserto bem iluminado do ateísmo. O incréu inglês por mais humilde que seja o *status* a que pertence, é propenso a aderir às práticas do Cristianismo nas ocasiões de nascimento, morte e na primeira aventura do casamento. Os ateus, neste país, ainda não são unidos culturalmente; seus tipos de ateísmo irão variar de acordo com a cultura da comunhão religiosa em que foram educados eles, ou seus pais, ou seus avós. As principais diferenças culturais na Inglaterra foram, no passado, as vigentes entre o Anglicanismo e as seitas protestantes mais importantes e mesmo essas diferenças estão longe de serem claramente definidas: primeiramente, porque a própria Igreja da Inglaterra abrangeu variações mais amplas de crença e de culto do que um observador estranho poderia acreditar ser possível conter uma instituição sem explodir; e em segundo lugar, por causa do número e da variedade das seitas que se separaram dela.

Se forem aceitas minhas argumentações do Capítulo 1, deveremos concordar em que a formação de uma religião é também a formação de uma cultura. Daí deveria seguir-se que, à medida que uma religião se divide em seitas, e à medida que tais seitas se desenvolvem de geração a geração, serão propagadas diversas culturas. E, sendo a intimidade entre cultura e religião de tal monta que podemos esperar acontecer de um modo o que acontece de outro, estamos preparados para achar que a divisão entre culturas cristãs estimularão diferenciações posteriores de crença e de culto. Não é meu propósito considerar o Grande Cisma entre o Oriente e o Ocidente que corresponde à mutável fronteira geográfica entre duas culturas. Quando consideramos o mundo ocidental, devemos reconhecer que a principal tradição cultural foi a correspondente à Igreja de Roma. Somente dentro dos últimos quatrocentos anos é que alguma outra se manifestou; e alguém que tenha um sentido de centro e de periferia deve admitir que a tradição ocidental foi latina, e latina significa Roma. Existem testemunhos sem conta de arte e de pensamento e de maneiras; e entre esses cabe incluir a obra de todos os homens nascidos e educados numa sociedade católica, quaisquer que tenham sido suas crenças individuais. Desse ponto de vista, a separação da Europa Setentrional, e particularmente da Inglaterra, da comunhão com Roma representa um desvio da principal corrente de cultura. Fazer, sobre essa separação, qualquer juízo de valor, admitir que foi uma coisa boa ou má, é o que devemos tentar evitar nessa investigação; pois isso ultrapassaria tanto o ponto de vista sociológico quanto o teológico. E, já que neste ponto devo introduzir o termo *subcultura* para indicar a cultura que é própria da área de uma parte dividida da Cristandade, precisamos ter cuidado em não supor que uma subcultura é necessariamente uma cultura inferior; lembrando também que, embora uma subcultura possa sofrer perda ao se separar do corpo principal, o corpo principal também pode ser mutilado pela perda de um membro seu.

Devemos reconhecer em seguida que, onde uma subcultura se tornou com o tempo a cultura principal *de um território particular*, ela tende a trocar de lugar, no caso deste território, com a principal cultura européia. Nesse aspecto, difere daquelas subculturas que representam seitas cujos membros partilham uma região com a cultura principal. Na Inglaterra, a principal tradição cultural foi, durante vários séculos, a anglicana. Os católicos romanos na Inglaterra se acham, naturalmente, numa tradição européia mais central do que os anglicanos; todavia, já que a principal tradição da Inglaterra foi anglicana, eles estão sob outro aspecto mais fora da tradição do que estão os dissidentes protestantes. É a dissidência protestante que é, em relação ao Anglicanismo, uma congérie de subculturas: ou, quando consideramos o próprio Anglicanismo como uma subcultura, podemos referir-nos a ele como uma congérie de "subculturas" –

se esse termo for por demais desajeitado para ser admitido em boa companhia, podemos dizer apenas "subculturas secundárias". Por dissidência protestante quero referir-me àqueles organismos que reconhecem um ao outro como "as Igrejas Livres", junto com a Sociedade de Amigos, que tem uma história isolada mas distinta: todas as entidades religiosas menores são culturalmente negligenciáveis. As variações entre os títulos dos organismos religiosos mais importantes têm a ver, até certo ponto, com as circunstâncias peculiares de suas origens, e com a amplitude da separação. Não deixa de ser interessante que o Congregacionalismo, que tem uma longa história, conte vários teólogos ilustres; enquanto que o Metodismo, com uma história mais curta, e menos justificação teológica para sua existência separada, segundo parece, confia principalmente em sua hinologia, e não necessita de qualquer estrutura teológica independente própria. Mas, se considerarmos uma subcultura territorial, ou uma subcultura secundária dentro de um território ou espalhada por vários territórios, podemos ser levados à conclusão de que toda subcultura depende daquela de que é um ramo. A vida do Protestantismo depende da sobrevivência daquilo contra que ele protesta; e, assim como a cultura da dissidência protestante morreria de inanição sem a persistência da cultura anglicana, a manutenção da cultura inglesa é dependente da saúde da cultura da Europa latina, e do contínuo abeberar-se na cultura latina.

Todavia, existe uma diferença, importante para seus intentos, entre a separação de Canterbury de Roma e a separação do Protestantismo Livre de Canterbury. Corresponde a uma diferença, apresentada no capítulo anterior, entre colonização por migração em massa (como nos primeiros movimentos para o oeste através da Europa) e a colonização por certos elementos que se separaram de uma cultura que continua na terra de origem (como na colonização dos Domínios e das Américas). A separação precipitada por Henrique VIII teve como causa imediata motivos pessoais em altos escalões; foi reforçada por tendências fortes na Inglaterra e na Europa Setentrional, de origem mais respeitável. Uma vez libertadas, as forças do Protestantismo foram mais longe do que pretendia ou teria aprovado o próprio rei. Contudo, embora a Reforma na Inglaterra seja, como qualquer outra revolução, a obra de uma minoria, e embora encontre vários movimentos locais de resistência obstinada, eventualmente ela carregou consigo a maior parte da nação, independente de classe ou de região. Por outro lado, as seitas protestantes representam certos elementos na cultura inglesa com exclusão de outros: a classe e a profissão desempenharam um grande papel em sua formação. Talvez fosse impossível ao estudioso mais preciso dizer até onde é a adesão aos dogmas de dissidência que forma uma subcultura, e até onde é a formação de uma subcultura que inspira a descoberta das razões de dissidência. Felizmente, a solução desse enigma não é necessária para meus propósitos. De todo modo, o resultado foi uma estratificação da Inglaterra em seitas, em parte continuando, em parte agravando, as distinções culturais entre as classes.

A um estudioso profundo da etnologia e da história dos primeiros estabelecimentos nessa ilha, talvez seja possível argüir a existência de causas de natureza mais primitiva e mais obstinada para as tendências à fissão religiosa. Pode atribuí-las a diferenças inerradicáveis entre a cultura das várias tribos, raças e línguas que de tempos em tempos são controladas ou contestadas por supremacia. Pode, além disso, aceitar a opinião de que esta mistura cultural não segue necessariamente o mesmo curso que a mistura biológica; e que, mesmo admitindo que cada pessoa de descendência puramente inglesa tenha o sangue de todos os invasores sucessivos misturado em suas veias exatamente nas mesmas proporções, não resulta necessariamente que aconteceu a fusão cultural. Ele pode, portanto, descobrir, na tendência que têm os vários elementos da população de expressar sua fé de maneiras diferentes, de preferir diferentes tipos de organização comunal e estilos diferentes de adoração, um reflexo das antigas divisões entre raças submissas e dominantes. Tais especulações, que estou por demais despreparado para apoiar ou contestar, estão fora do meu escopo; mas não deixa de ser oportuno que leitores e escritor se lembrem de que pode haver níveis mais profundos do que aquele no qual está sendo conduzida a investigação. Se se pudesse estabelecer que as diferenças que persistem até hoje descendem de primitivas diferenças culturais, isso apenas reforçaria o caso da unidade de religião e cultura proposto no Capítulo 1.

Embora isso possa ocorrer, existem curiosidades suficientes para ocupar nossa atenção na mistura de motivos e interesses nas dissidências de partidos religiosos dentro do período da história moderna. Não precisamos ser um cínico para se divertir, ou um beato para se deprimir, diante do espetáculo da autodecepção, bem como da freqüente hipocrisia, dos atacantes e defensores de uma ou outra forma da fé cristã. Contudo, do ponto de vista do meu ensaio, tanto a alegria como a tristeza são irrelevantes, porque essa confusão é justamente o que se deve esperar, sendo inerente à condição humana. Decerto, existem situações na história em que a contestação religiosa pode ser atribuída a motivos puramente religiosos. A luta permanente de Santo Atanásio contra os arianos e eutiquianos não deve ser olhada, necessariamente, a outra luz senão à da teologia: o estudioso que tentasse demonstrar que ela representou um conflito cultural entre Alexandria e Antioquia, ou alguma ingenuidade semelhante, aos nossos olhos pareceria no máximo estar falando de alguma coisa mais. Mesmo a saída teológica mais pura, contudo, terá no final das contas conseqüências culturais: um conhecimento superficial da carreira de Atanásio seria suficiente para assegurar-nos de que foi ele um dos grandes construtores da civilização ocidental. E, na maioria dos casos, é *inevitável* que, ao defendermos nossa religião, estaríamos defendendo ao mesmo tempo nossa cultura, e vice-versa: estamos obedecendo ao instinto fundamental de preservação de nossa existência. E assim fazendo, no correr do tempo, cometemos muitos erros e praticamos muitos crimes – a maioria dos quais podemos simplificar no erro único de identificar nossa religião e nossa cultura a um nível no qual devemos distingui-las uma da outra.

Tais considerações são relevantes não só à história da luta e da separação religiosas: são igualmente pertinentes quando queremos nutrir esquemas de reunião. A importância em deixar de examinar peculiaridades culturais, em desenredar o religioso dos estorvos culturais, tem sido negligenciada até aqui – e eu poderia dizer mais do que negligenciada: ignorada deliberadamente embora inconscientemente – nos esquemas de reunião entre organismos cristãos adotados ou propostos. Daí a aparência de insinceridade, de concordância sobre fórmulas às quais as partes contratantes podem dar diferentes interpretações, o que provoca uma comparação com os tratados entre governos.

O leitor que não esteja a par dos detalhes de "ecumenicidade" deveria lembrar-se da diferença entre *intercomunhão* e *reunião*. Um arranjo de intercomunhão entre duas igrejas nacionais – como, por exemplo, entre a Igreja da Inglaterra e a Igreja da Suécia – ou entre a Igreja da Inglaterra e uma das Igrejas Orientais, ou ainda entre a Igreja da Inglaterra e uma organização como os "Velhos Católicos" encontrados na Holanda e em outra parte do Continente – não considera necessariamente nada mais do que implica o termo: um reconhecimento recíproco da "validade de ordens" e da ortodoxia dos dogmas; com a conseqüência de que os membros de cada igreja podem comungar, os sacerdotes celebrar e pregar, nas igrejas de outro país. Um acordo de intercomunhão poderia levar a uma reunião apenas em um de dois eventos: o evento improvável de uma reunião política das duas nações, ou o evento último de uma reunião mundial dos cristãos. Por outro lado, reunião significa, com efeito, ou reunião de uma ou outra organização que tenha um governo episcopal, com a Igreja de Roma, ou reunião entre organizações separadas entre si nas mesmas áreas. Os movimentos em prol de reunião que se acham mais ativos atualmente são os do segundo tipo: reunião entre a Igreja Anglicana e uma ou mais sociedades da "Igreja Livre". É nas implicações culturais desse último tipo de reunião que estamos interessados aqui. Pode não haver qualquer condição de reunião entre a Igreja da Inglaterra e, digamos, os presbiterianos ou metodistas dos Estados Unidos: qualquer reunião seria dos presbiterianos americanos com a Igreja Episcopal da América, e dos presbiterianos ingleses com a Igreja da Inglaterra.

A partir das considerações aventadas no Capítulo 1, seria óbvio que uma reunião completa envolvesse uma comunidade de cultura – alguma cultura comum já existente, e a potencialidade de seu desenvolvimento ulterior em conseqüência de reunião oficial. A reunião ideal de todos os cristãos não implica, por certo, uma eventual cultura *uniforme* no mundo: implica simplesmente uma "cultura cristã" da qual todas as culturas locais seriam variantes – e na verdade elas deveriam variar e variariam amplamente. Já é possível distinguir entre uma "cultura local" e uma "cultura européia"; quando usamos o último termo, reconhecemos as diferenças locais; da mesma forma, uma "cultura cristã" universal não seria levada a ignorar ou cancelar as diferenças entre as culturas dos vários continentes. Mas a existência de uma forte comunidade cultural entre as várias organizações cristãs na mesma área (devemos lembrar que aqui entendemos "cultura" distinta de "religião") não só facilita a reunião dos cristãos naquela área, como também expõe tal reunião a riscos peculiares.

Já sugeri a hipótese de que toda divisão de um povo cristão em seitas produz ou agrava o desenvolvimento de "subculturas" entre este povo; e pedi ao leitor que examinasse o Anglicanismo e as Igrejas Livres para confirmar esta hipótese. Mas caberia acrescentar agora que a divisão cultural entre anglicanos e devotos da Igreja Livre, sob condições sociais e econômicas em mudança, se atenuou bastante. A organização da sociedade rural da qual a Igreja da Inglaterra tirou muito da sua força cultural está em declínio; os proprietários rurais têm menos segurança, menos poder e menos influência; as famílias que progrediram nos negócios e que em muitos lugares sucederam aos proprietários rurais estão, por sua vez, progressivamente reduzidas e empobrecidas. Um número cada vez menor de clérigos anglicanos vêm das escolas públicas ou das velhas universidades, ou são educados às custas de suas famílias; os bispos não são homens ricos e têm dificuldades em manter seus palácios. Os leigos anglicanos e da Igreja Livre foram educados nas mesmas universidades e, muitas vezes, nas mesmas escolas. E finalmente, estão todos expostos ao mesmo ambiente de uma cultura separada da religião. Quando homens de convicções religiosas diferentes são atraídos por interesses comuns e ansiedades comuns, pela sua consciência de um mundo não-cristão crescentemente opressivo e pela sua inconsciência da extensão até onde foram impregnados pelas influências não-cristãs e por uma cultura neutra, cabe esperar apenas que os vestígios das dintinções entre suas várias culturas cristãs lhes pareçam de significação menor.

Não estou preocupado aqui com os riscos de uma reunião em termos errados ou evasivos; mas estou muito interessado no perigo de que essa reunião facilitada pelo desaparecimento das características culturais das várias organizações reunidas possa acelerar ou confirmar o aviltamento geral da cultura. O refinamento ou crueza do pensamento teológico e filosófico é ele mesmo, decerto, uma das medidas do estado de nossa cultura; e a tendência em alguns escalões a reduzir a teologia a princípios tais que uma criança possa entender ou um sociniano aceitar é, ela mesma, indicativa de debilidade cultural. Mas existe um perigo posterior, de nosso ponto de vista, em esquemas de reunião que tentam remover as dificuldades, e proteger a auto-afirmação, de todos. Numa época como a nossa, em que se tornou um sinal de polidez dissimular as distinções sociais, e afirmar que o mais alto grau de "cultura" deve ser colocado à disposição de todos – numa época de nivelamento cultural, não se reconhecerá que os vários fragmentos cristãos a serem re-unidos representam algumas diferenças culturais. Existem algumas que pressionam fortemente em prol de uma reunião em termos de total igualdade cultural. Uma avaliação excessiva pode mesmo ser tirada dos números relativos dos membros das organizações em união: pois uma cultura principal continuará sendo cultura principal, e uma subcultura continuará sendo uma subcultura, mesmo que a última atraia mais adeptos do que a primeira. É sempre o organismo religioso principal o guardião da maioria dos resquícios dos desenvolvimentos superiores de cultura preservados de um tempo passado antes de ter ocorrido a divisão. Não que todos os cristãos zelosos e socialmente ativos desejassem realizar, na conduta de sua igreja local e das organizações sociais e caritativas ligadas a ela[3]. A opção atual, às vezes, foi entre sectarismo e indiferença; e aqueles que escolheram o primeiro, ao fazê-lo, queriam manter viva a cultura de certos estratos sociais. E, como

---

3. Ver dois valiosos suplementos a *The Christian News-Letter*: "Ecumenical Christianity and the Working Class", da autoria de W. G. Simons, 30 de julho de 1941; e "The Free Churches and Working Class Culture", de John Marsh, 20 de maio de 1942.

eu disse no começo, a cultura apropriada de cada estrato tem importância igual.

Tal como na relação entre as classes sociais, e como na relação das várias regiões de um país entre si e com o poder central, pareceria desejável uma luta constante entre as forças centrípeta e centrífuga. Pois, sem a luta, não se mantém qualquer equilíbrio; e se outra força ganhar, o resultado seria deplorável. As conclusões a que deveríamos chegar com razão, a partir de nossas premissas e do ponto de vista do sociólogo, me parecem ser as seguintes. O Cristianismo seria único: a forma de organização, e o local exato dos poderes nessa unidade é uma questão acerca da qual não podemos nos pronunciar. Mas, dentro dessa unidade, haveria um conflito interminável entre idéias – pois somente pela luta contra as falsas idéias que aparecem constantemente é que a verdade pode ser ampliada e esclarecida, e no conflito com a heresia pode a ortodoxia se desenvolver a fim de descobrir as necessidades da época; um esforço sem-fim também da parte de cada região para moldar o seu Cristianismo a ajustar-se, um esforço que não seria totalmente suprimido nem deixado totalmente incontrolado. O temperamento local deve exprimir sua particularidade em sua forma de Cristianismo, e o mesmo quanto ao estrato social, de tal modo que possa florescer a cultura apropriada a cada área e a cada classe; mas deve haver também uma força que mantenha juntas essas áreas e essas classes. Se faltar essa força corretiva na direção da uniformidade de crença e de prática, então a cultura de cada parte sofrerá. Já descobrimos que a cultura de uma nação prospera com a prosperidade da cultura de seus vários constituintes, tanto geográficos quanto sociais; mas que também é necessário ser ele mesmo uma parte de uma cultura mais ampla, que requer o ideal último, embora irrealizável, de uma "cultura mundial" num sentido diferente do implícito nos esquemas de federacionistas universais. E sem uma fé comum, todos os esforços para aproximar as nações culturalmente podem produzir apenas uma ilusão de unidade.

5. UMA NOTA SOBRE CULTURA E POLÍTICA

A política, todavia, não o comprometeu demais a ponto de desviar seus pensamentos de coisas mais importantes.

SAMUEL JOHNSON sobre George Lyttelton.

Observamos, atualmente, que a "cultura" atrai a atenção dos políticos: não que os políticos sejam sempre "homens de cultura", mas que a "cultura" é reconhecida como um instrumento de política, e como algo socialmente desejável que cabe ao Estado promover. Não só ouvimos, nos altos escalões políticos, que as "relações culturais" entre os países são de grande importância, mas também descobrimos que são fundados escritórios, são designadas pessoas, para o fim expresso de atender a essas relações, que presumivelmente devem fomentar a amizade internacional. O fato de ter a cultura, de alguma forma, se tornado um departamento da política não deve obscurecer em nossa memória o fato de que, em outros períodos, a política foi uma atividade praticada dentro de uma cultura, e entre representantes de culturas diferentes. Não é, portanto, fora de propósito tentar indicar o lugar da política dentro de uma cultura unida e dividida segundo o tipo de unidade e divisão que temos considerado.

Podemos admitir, acho, que numa sociedade tão articulada a prática da política e um interesse ativo pelos negócios públicos não seria a tarefa de todos, ou de todos no mesmo grau; e que nem todos deveriam interessar-se, salvo em momentos de crise, pela conduta da nação como um todo. Numa sociedade sadiamente *regional*, os negócios públicos seriam tarefa de todos, ou da grande maioria, apenas dentro de unidades sociais muito pequenas; e seriam a tarefa de um número progressivamente menor de homens nas unidades maiores dentro das quais estão compreendidas as menores. Numa sociedade sadiamente *petrificada*, os negócios públicos seriam uma responsabilidade suportada de modo igual: uma responsabilidade maior herdariam aqueles que herdaram vantagens especiais, e nos quais o interesse próprio, e o interesse por suas famílias deveriam coincidir com o espírito público. A elite dirigente, da nação como um todo, consistiria naqueles cuja responsabilidade fosse herdada juntamente com a afluência e posição, e cujas forças fossem constantemente aumentadas e muitas vezes dirigidas, promovendo indivíduos de talentos excepcionais. Mas, quando falamos de uma elite dirigente, devemos renunciar a pensar numa elite nitidamente separada das outras elites da sociedade.

A relação da elite política – ou seja, dos membros dirigentes de *todos* os grupos políticos efetivos e reconhecidos, pois a sobrevivência de um sistema parlamentar exige um constante *jantar com a Oposição*[1] – com as outras elites seria colocada com demasiada crueza se fossem descritas como comunicação entre homens de ação e homens de pensamento. É antes uma relação entre homens de tipos diferentes de mente e áreas diferentes de pensamento e ação. Uma distinção nítida entre pensamento e ação não é mais necessária para a vida política do que para a religiosa, na qual o contemplativo deve ter sua própria atividade, e o padre secular não deve ser totalmente inexperiente em meditação. Não existe plano de vida ativa em que o pensamento seja negligenciavél, exceto o da mais simples execução automática de ordens; e não há espécie de pensamento que não tenha algum efeito sobre a ação.

Em outro local[2], sugeri que uma sociedade está em perigo de desintegração quando existe uma falta de contato entre pessoas de áreas diferentes de atividade – entre a mente política, a científica, a artística, a filosófica e a religiosa. Essa separação não pode ser estabelecida simplesmente pela organização pública. Não é uma questão de reunir em comissões representantes de tipos diferentes de conhecimento e experiência, de pedir a todos que informem os outros. A elite deveria ser algo diferente, algo composto muito mais organicamente, do que um quadro de bonzos, caciques e magnatas. Homens que se juntam apenas para propósitos sérios definidos, e em ocasiões oficiais, não se juntam de verdade. Podem ter algum interesse comum lá no fundo do coração; podem, no decorrer de contatos repetidos, chegar a terem um vocabulário e um idioma comuns que parecem comunicar cada gradação de significado necessária a seu propósito comum; mas continuarão a sair desses en-

---

1. Segundo me lembro, parece que essa frase ou foi atribuída a Sir William Vernon Harcourt, ou foi empregada a seu respeito.
2. *The Idea of a Christian Society*, p. 40.

contros cada um para seu mundo social particular, bem como para seu mundo solitário. Todo mundo já observou que as possibilidades de um silêncio satisfeito, de uma mútua consciência feliz quando estão envolvidos numa tarefa comum, ou de uma seriedade e significação essencial no prazer de uma brincadeira inocente, são características de qualquer intimidade pessoal mais estrita; e a congenialidade de qualquer círculo de amigos depende de uma convenção social comum, de um ritual comum e de prazeres comuns de relaxamento. Essas ajudas à intimidade não têm menos importância para a comunicação do significado das palavras do que a posse de um assunto comum sobre o qual são informadas as várias partes. É desastroso para um homem ter os amigos e os sócios de negócios em dois grupos não-relacionados; também é limitador quando pertencem a um e mesmo grupo.

Tais observações sobre a intimidade pessoal não podem ter pretensões de apresentar alguma novidade: a única novidade possível é chamar atenção para elas nesse contexto. Mostram o desejo de ter uma sociedade onde as pessoas de toda atividade superior possam encontrar-se sem falar simplesmente de negócios ou sem sofrer por terem de falar dos negócios um do outro. Para avaliar corretamente um homem de ação, precisamos ter relações com ele: ou, pelo menos, devemos conhecer muitos homens de atividades semelhantes para sermos capazes de fazer uma suposição inteligente acerca de alguém com quem não nos relacionamos. E travar conhecimento com um homem de pensamento, e formar uma impressão de sua personalidade, pode ser de grande ajuda no julgamento de suas idéias. Isso não é totalmente inadequado mesmo no campo da arte, embora com importantes reservas, e embora as impressões de uma personalidade artística afetem muitas vezes a opinião sobre sua obra de maneira totalmente irrelevante – pois todo artista já deve ter observado que, não obstante um pequeno número de pessoas desgostem de sua obra com mais vigor depois que o conhecem, existem muitas também que têm uma predisposição mais amigável com relação à sua obra depois de o conhecerem como agradável companheiro. Essas vantagens persistem, por mais que possam ofender a razão, e a despeito do fato de que, nas modernas sociedades das maiorias, é impossível que cada um conheça todos os outros.

Em nosso tempo, lemos demasiados livros novos, ou ficamos aflitos ao pensar nos novos livros que estamos deixando de ler; lemos muitos livros, porque não podemos conhecer gente bastante; não podemos conhecer a todos que nos seria benéfico conhecer, porque eles são demasiados. Conseqüentemente, se temos a capacidade de ajuntar palavras e a felicidade de poder imprimi-las, nós nos comunicamos escrevendo mais livros. Muitas vezes, daqueles escritores que ficaríamos bastante felizes em conhecer, é que podemos ignorar os livros; e, quanto mais os conhecemos pessoalmente, menos necessidade podemos sentir de ler o que escrevem. Estamos não só sobrecarregados com demasiados livros novos; além disso, estamos atrapalhados com demasiados periódicos, relatórios e memorandos que circulam em caráter privado. No esforço de não deixar para trás as mais inteligentes dessas publicações, podemos sacrificar as três razões permanentes da leitura: a aquisição de conhecimento, o desfrute da arte e o prazer do entretenimento. Entretanto, o político profissional tem tanta coisa a fazer que não acha tempo para uma leitura séria, mesmo sobre política. Tem tão pouco tempo para trocar idéias e informação com homens de distinção em outras situações da vida. Numa sociedade de menor tamanho (uma sociedade, portanto, que fosse menos febrilmente *ocupada*), poderia haver mais conversação e menos livros; e não encontraríamos a tendência – de que este ensaio fornece um exemplo – que têm aqueles que adquiriram alguma reputação, de escrever livros fora do tema em que construíram essa reputação.

É improvável, em toda a massa de texto impresso, que as obras mais originais e mais profundas alcancem os olhos ou chamem a atenção de um grande público, ou mesmo de um bom número de leitores que são capazes de apreciá-las. As idéias que exaltam uma tendência atual ou uma atitude emocional chegam mais longe; e outras serão destorcidas a fim de se adaptarem ao que já é aceito. O resíduo na mente pública dificilmente será uma destilação do melhor e do mais sábio: é mais provável que represente os preconceitos comuns da maioria dos editores e críticos. Deste modo se forma as *idées reçues* – mais precisamente as *mots reçus* – que, devido à sua influência emocional sobre aquela parte do público que é influenciada pelo texto impresso, devem ser levadas em consideração pelo político profissional, e tratadas com respeito em suas arengas públicas. Não é necessário, para a recepção simultânea dessas "idéias", que sejam coerentes consigo mesmas; e, embora se contradigam entre si, o político prático deve manuseá-las com maior deferência, como se fossem as construções de uma sagacidade bem informada, as intuições de um gênio, ou a sabedoria acumulada da idade. Em regra geral, ele não inalou qualquer fragrância que possam ter exalado quando frescas; ele as cheira apenas quando já começam a feder.

Numa sociedade dotada de vários níveis de cultura, e de vários níveis de poder e autoridade, o político pode ao menos ser contido, ao usar a linguagem, por seu respeito ao julgamento, e medo do ridículo, de um público menor e mais crítico, entre os quais se mantinha algum padrão de estilo de prosa. Se fosse também uma sociedade descentralizada, uma sociedade em que as culturas locais continuassem a florescer, e em que a maioria dos problemas fossem problemas locais acerca dos quais populações locais poderiam formar uma opinião a partir de sua própria experiência e da conversa com os vizinhos, as arengas políticas podiam igualmente tender a manifestar maior clareza e ser suscetíveis de menores variações de interpretação. Um discurso local numa emissão local tende a ser mais inteligível do que um dirigido a toda uma nação, e observamos que usualmente o maior acervo de ambigüidades e generalidades obscuras é encontrado em discursos dirigidos ao mundo inteiro.

Sempre é desejável que uma parte da educação daquelas pessoas que nasceram nos graus políticos superiores da sociedade, ou estão qualificados por suas capacidades a ingressarem neles, seja um ensino da história, e que uma parte do estudo da história seja a história da teoria política. A vantagem do estudo da história grega e da teoria política grega, como preliminar ao estudo de outra história e outra teoria, é sua *manuseabilidade:* tem a ver com uma área pequena, com homens em vez de massas, e com as paixões humanas de indivíduos em vez daquelas vastas forças impessoais que, em nossa sociedade moderna, são uma conveniência necessária de pensamento, e cujo estudo tende a obscurecer o estudo dos seres humanos. Além disso, é improvável que o leitor de filosofia grega pareça superotimista quanto aos efeitos da teoria política; pois ele observará que o estudo das formas políticas parece ter nascido do fracasso dos sistemas políticos; e que nem Platão nem Aristóteles estavam muito preocupados com previsão, ou muito otimistas sobre o futuro.

O tipo de teoria política que surgiu nos tempos realmente modernos está menos preocupada com a natureza humana, que ela tende a tratar como algo que sempre pode ser reformulado para adaptar-se a qualquer que seja a forma política considerada mais desejável. Seus dados reais são forças impessoais que podem ter-se originado no conflito e combinação das vontades humanas, mas têm de substituí-las. Como parte de disciplina acadêmica para o jovem, sofre de várias desvantagens. Naturalmente, tende a formar mentes que serão postas a pensar apenas em termos de forças impessoais e inuma-

111

nas, e desse modo a desumanizar seus estudantes. Estando ocupada com a humanidade apenas na massa, tende a separar-se da ética; estando ocupada apenas com aquele período recente da história durante o qual se pode mostrar mais facilmente que a humanidade foi governada por forças impessoais, ele reduz o próprio estudo da humanidade às duas ou três últimas centenas de anos do homem. Muito freqüentemente ela inculca uma crença num futuro inflexivelmente determinado e ao mesmo tempo num futuro que estamos totalmente livres para moldar como quisermos. O pensamento político moderno, envolvido inextricavelmente com a economia e com a sociologia, apropria-se da posição de rainha das ciências. Pois as ciências exatas e experimentais são julgadas de acordo com a sua utilidade, e são avaliadas na medida em que produzem resultados – ou tornando a vida mais confortável e menos penosa, ou tornando-a mais precária e terminando-a mais rapidamente. A própria cultura é encarada ou como um subproduto desprezível que pode ser entregue a si mesmo, ou como um departamento da vida a ser organizado de acordo com o esquema particular que preferimos. Estou pensando não somente nas filosofias mais dogmáticas e totalitárias de hoje, mas também nas conjecturas que colorem o pensamento em todo o país e tendem a ser partilhadas pelos partidos mais opostos.

Um documento importante na história da direção política da cultura será o ensaio de Leon Trotski, *Literatura e Revolução*, que foi traduzido em 1925 para o inglês[3]. A convicção, que parece estar profundamente

---

3. Publicado por Internacional Publishers, New York. Um livro que merece ser republicado. Não dá a impressão de que Trotski fosse muito sensível à literatura; mas, do seu ponto de vista, ele era muito inteligente acerca disso. Como todos os seus escritos, o livro está cheio de discussão de personalidades russas menores que o estrangeiro ignora e nas quais não está interessado; mas essa indulgência em detalhe, embora contribua com um sabor de regionalismo, confere à obra toda uma aparência de genuinida-

arraigada na mente moscovita, de que o papel da Mãe Rússia é contribuir não simplesmente com idéias e formas políticas, mas com um completo modo de vida para o resto do mundo, chegou ao ponto de tornar-nos a todos mais politicamente conscientes da cultura. Mas houve outras causas, além da Revolução Russa, para essa consciência. As pesquisas e as teorias de antropólogos desempenharam a sua parte, e nos levaram a estudar com uma atenção nova as relações entre os poderes imperiais e os povos submissos. Os governos estão mais conscientes da necessidade de considerar as diferenças culturais; e, na medida em que a administração colonial é controlada a partir do centro imperial, essas diferenças adquirem uma crescente importância. Um povo em isolamento não tem consciência de ter de qualquer modo uma "cultura". E as diferenças entre as diversas nações européias no passado não eram suficientemente amplas para fazer que seus habitantes vissem suas culturas como diferentes a ponto de gerarem conflito e incompatibilidade: a consciência cultural como um meio de unir uma nação contra outras nações foi explorada, em primeiro lugar, pelos últimos governantes da Alemanha. Atualmente, tornamo-nos culturalmente conscientes de uma maneira que alimenta o nazismo, o comunismo e o nacionalismo simultaneamente; de uma maneira que enfatiza a separação sem ajudar-nos a superá-la. Nesta altura, não serão inoportunas algumas observações sobre os efeitos culturais do império (no sentido mais compreensivo do termo).

Os primeiros governantes britânicos da Índia estavam contentes em governar; alguns deles, graças à longa residência e à contínua ausência da Grã-Bretanha, assimilaram a mentalidade do povo que governavam.

---

de, como se tivesse sido escrita mais para falar sua mente do que com um olho numa audiência estrangeira.

Um último tipo de governantes, explícita e crescentemente os servidores de Whitehall, e servindo apenas por um período limitado (após o quê retornavam ao seu país nativo, ou para aposentar-se ou para alguma outra atividade), preferiam introduzir na Índia os benefícios da civilização ocidental. Não pretenderam erradicar, ou impor, uma "cultura" total; mas a superioridade da organização social e política do Ocidente, da educação inglesa, da justiça inglesa, do "iluminismo" e da ciência ocidentais pareciam-lhes o único motivo suficiente para introduzir essas coisas. O britânico, inconsciente da importância da religião na formação de sua própria cultura, dificilmente podia reconhecer sua importância na preservação de uma outra. Na imposição gradativa de uma cultura estrangeira – uma imposição em que a força representa apenas uma pequena parte: o apelo à ambição, e a tentação a que está exposto o nativo, de admirar as coisas erradas da civilização ocidental, e por motivos errados, são muito mais decisivos – os motivos de arrogância e generosidade sempre estão inextricavelmente misturados; existe ao mesmo tempo uma afirmação de superioridade e um desejo de transmitir o modo de vida sobre o qual se baseia essa pretensa superioridade; de tal modo que o nativo adquire um sabor pelos modos ocidentais, uma admiração zelosa pelo poder material, e um ressentimento contra seus tutores. O êxito parcial da ocidentalização, cujas vantagens aparentes alguns membros da sociedade oriental estão prontos a apreender, fez que o oriental ficasse mais descontente com sua própria civilização e mais ressentido com aquela que provocou esse descontentamento; tornou-o mais cônscio das diferenças, ao mesmo tempo que obliterou algumas dessas diferenças; e rompeu a cultura nativa em seu nível mais alto, sem penetrar as massas. E somos deixados com a reflexão melancólica de que a causa dessa desintegração não é a corrupção, a violência ou a má administração: tais males desempenharam apenas uma pequena parte, e nenhuma nação governante teve menos de se envergonhar do que a Grã-Bretanha nesses particulares; a corrupção, a violência e a má administração prevaleciam na Índia antes da chegada dos britânicos, encarregados por eles de perturbar o sistema de vida indiano. A causa reside no fato de que não pode haver compromisso permanente entre os extremos de um governo externo que se contenta em manter a ordem e deixar inalterada a estrutura social, e uma completa assimilação cultural. O fracasso em atingir a última é um fracasso religioso[4].

Mostrar o dano que foi causado à cultura nativa no processo de expansão imperial é, sem dúvida, um indiciamento do próprio império, como só os advogados da dissolução imperial estão bastante aptos a inferir. Na verdade, muitas vezes esses mesmos antiimperialistas é que, sendo liberais, são os crentes mais complacentes na superioridade da civilização ocidental, e ao mesmo tempo cegos aos benefícios conferidos pelo governo imperial e ao prejuízo infligido pela destruição da cultura nativa. Segundo tais entusiastas, fazemos bem em introduzir-nos em outra civilização, equipar seus membros com nossos instrumentos mecânicos, nossos sistemas de governo, educação, justiça, medicina e finança, incutir neles um desdém por seus próprios costumes e uma atitude esclarecida diante da superstição religiosa – e de-

---

4. Um resumo interessante dos efeitos do contrato cultural no Leste encontra-se em *The British in Asia*, de Guy Wint. As sugestões ocasionais de Mr. Wint do efeito da Índia sobre o britânico são não menos sugestivas do que sua avaliação do efeito do britânico sobre a Índia. Por exemplo:

"Não é certo como teve início o preconceito de cor inglês – se foi herdado dos portugueses na Índia, ou foi uma infecção do sistema de castas hindu ou, como alguém sugeriu, começou com a chegada das esposas insulares e suburbanas dos servidores civis, ou proveito de qualquer outra causa. O britânico na Índia era o britânico classe-média que vivia numa condição artificial: não tinha acima dele nenhuma classe superior de seu próprio povo, e abaixo dele nenhuma classe inferior de seu próprio povo. Era um estado de vida que levou a uma combinação de arrogância e defensiva" (p. 209).

pois deixá-las cozinhar lentamente no caldo que preparamos para eles.

É digno de nota que a crítica mais veemente, ou abuso, do imperialismo britânico provém, muitas vezes, de representantes das sociedades que praticam uma forma diferente de imperialismo – isto é, de expansão que produz benefícios materiais e amplia a influência da cultura. Os Estados Unidos sempre tiveram a tendência a impor seu modo de vida principalmente na esteira de seu comércio, e criando um gosto por suas mercadorias. Mesmo o artefato material mais humilde, que é o produto e o símbolo de uma civilização particular, constitui um emissário da cultura de onde provém: particularmente, basta mencionar esse artigo influente e inflamável, o filme de celulóide; e assim a expansão econômica americana pode ser também, em seu caminho, a causa da desintegração das culturas que ela toca.

O tipo mais recente de imperialismo, o da Rússia, é talvez o mais engenhoso, e o mais bem calculado para florescer de acordo com a condição atual. O Império Russo parece ser diligente em evitar as fraquezas dos impérios que o antecederam: é ao mesmo tempo mais implacável e mais cuidadoso com a vaidade dos povos submetidos. A doutrina oficial é a total igualdade racial – um aspecto mais fácil de preservar na Ásia pela Rússia, por causa do matiz oriental da mente russa e por causa do atraso no desenvolvimento russo segundo os padrões ocidentais. Parecem ter sido feitas tentativas de preservar a similitude de autogoverno e autonomia locais: o objetivo, eu suspeito, é dar às várias repúblicas locais e aos Estados-satélites a ilusão de uma espécie de indepedência, enquanto o poder real é exercido a partir de Moscou. A ilusão, muitas vezes, tende a desvanecer-se, quando uma república local é súbita e ignominiosamente reduzida ao *status* de uma espécie de província ou de colônia dependente da coroa; mas é mantida – e isso é o mais interessante do nosso ponto de vista – por um cuidadoso favorecimento da "cultura" local, cultura no sentido reduzido da palavra, como tudo o que é pitoresco, inofensivo e separável da política, como, por exemplo, língua e literatura, artes e costumes locais. Mas, como a Rússia soviética precisa manter a subordinação da cultura à teoria política, o sucesso de seu imperialismo parece propício a conduzir a um senso de superioridade da parte daquele de seus povos no qual foi formada a sua teoria política; de tal modo que é de esperar que, enquanto se mantiver o Império Russo, se constate a crescente afirmação de uma cultura moscovita dominante, e as raças subordinadas sobrevivendo, não como povos dotados cada um de seu padrão cultural, mas como castas inferiores. Seja como for, os russos foram o primeiro povo moderno a praticar conscientemente a direção política da cultura, e a atacar em todos os pontos a cultura de qualquer povo que desejem dominar. Quanto mais desenvolvida for uma cultura estrangeira, mais completas serão as tentativas de extirpá-la através da eliminação daqueles elementos na população submetida em que esta cultura está mais consciente.

Os perigos que surgem da "consciência cultural" no Ocidente são, atualmente, de tipo diferente. Nossos motivos, para tentar fazer algo a respeito de nossa cultura, ainda não são intencionalmente políticos. Nascem da consciência de que nossa cultura não está muito sadia e do sentimento de que devemos tomar algumas medidas para melhorar sua condição. Essa consciência transformou o problema da educação, ou identificando cultura com educação, ou recorrendo à educação como único instrumento para melhorar nossa cultura. Como no caso da intervensão do Estado, ou de algum organismo quase oficial subvencionado pela Estado, em auxílio das artes e das ciências, podemos ver muito bem a necessidade, nas atuais condições, de tal apoio. Um organismo como o British Council, enviando constantemente representantes das artes e das ciências ao exterior, e convidando representantes estrangeiros a este país, é inestimável em nossa época – mas não podemos aceitar como permanentes ou normais e saudáveis as condições que tornam necessária tal direção. Estamos preparados para acreditar que, sob algumas condições, deve haver um trabalho útil para o British Council executar; mas não gostaríamos de estar certos de que nunca mais será possível à elite intelectual de todos os países viajar como cidadãos particulares e fazer os contatos entre si sem a aprovação e o apoio de alguma organização oficial. Algumas atividades importantes, é bastante provável, nunca mais serão possíveis sem uma retaguarda oficial de algum tipo. O progresso das ciências experimentais exige atualmente um equipamento vasto e caro; e a prática das artes não tem mais, em alguma grande escala, o benefício do patrocínio privado. Pode-se fornecer alguma salvaguarda contra a crescente centralização do controle e a politização das artes e ciências, se encorajarmos a iniciativa e a responsabilidade local; e, na medida do possível, a fonte central dos fundos for separada do controle de seu emprego. Faríamos bem igualmente em aludir às atividades subsidiadas e artificialmente estimuladas cada uma por seu nome: façamos o que for necessário pela pintura e escultura, ou pela arquitetura, ou pelo teatro, pela música, ou por uma ou outra ciência, ou departamento de exercício intelectual, falando de cada uma por seu nome, e limitando-nos a usar a palavra "cultura" como termo compreensivo. Pois, assim, resvalamos para a presunção de que a cultura pode ser planificada. A cultura nunca pode ser totalmente consciente – sempre há mais do que aquilo de que temos consciência; e não pode ser planificada porque é também o suporte inconsciente de todo o nosso planejamento.

6. NOTAS SOBRE A EDUCAÇÃO E CULTURA: E CONCLUSÃO

Durante a última guerra, foram publicadas um número excepcional de obras sobre a tema da educação; apareceram também volumosos relatórios de comissões, e um número incalculável de colaborações sobre o assunto nos periódicos. Não é assunto meu, nem está dentro de minha competência, examinar toda a teoria educacional corrente; mas vêm a propósito alguns poucos comentários, devido à associação íntima, em muitas mentes, entre educação e cultura. O que interessa à minha tese é o tipo de conjectura que fazem aqueles que escrevem sobre educação. As notas seguintes são comentários de algumas dessas conjecturas predominantes.

1. *Que, antes de ingressar em qualquer discussão sobre Educação, devemos estabelecer o objetivo da Educação.*

Trata-se de coisa muito diferente de definir a palavra "educação". O dicionário de Oxford nos informa que educação é "o processo de instruir (os jovens)"; que é "o ensino sistemático, a instrução ou treinamento dado ao jovem (e, por extensão, aos adultos), preparando-o para a obra da vida"; que é também "cultura ou desenvolvimento de poderes, formação de caráter". Aprendemos que a primeira dessas definições está de acordo com o uso do século XVI; e que o terceiro emprego parece ter surgido no século XIX. Em suma, o dicionário nos diz o que já sabemos, e não vejo como um dicionário poderia fazer mais. Mas, quando escritores tentam estabelecer o *objetivo* da educação, estão fazendo de duas coisas uma: ou estão trazendo à tona o que acreditam ter sido sempre o objetivo inconsciente, e portanto dando seu próprio significado à história do tema; ou estão formulando o que pode não ter sido, ou pode ter sido apenas espasmodicamente, o objetivo real no passado, mas, na sua opinião, deveria ser o objetivo a dirigir o desenvolvimento no futuro. Examinemos algumas dessas definições do objetivo da educação. Em *The Churches Survey Their Task*, um volume publicado em ligação com a Oxford Conference on Church, Community and State of 1937, deparamo-nos com o seguinte:

Educação é o processo pelo qual a comunidade procura abrir a vida a todos os indivíduos dentro dela e capacitá-los a participar dela. Tenta transmitir-lhes a sua cultura, inclusive os padrões segundo os quais deveriam viver. Onde essa cultura é considerada definitiva, faz-se a tentativa de impô-la às mentes mais jovens. Onde é vista como um estágio no desenvolvimento, as mentes mais jovens são treinadas tanto para recebê-la como para criticá-la e aperfeiçoá-la.

Esta cultura se compõe de vários elementos. Vai da habilidade rudimentar e do conhecimento à interpretação do universo e do homem pela qual vive a comunidade...

O objetivo da educação, segundo parece, é transmitir cultura: assim, a cultura (que não foi definida) se limita, provavelmente, àquilo que pode ser transmitido pela educação. Embora reconheçamos que a "educação" é talvez mais compreensiva do que "o sistema educacional", devemos observar que a presunção de que a cultura pode resumir-se em habilidades e interpretações controverte a visão mais compreensiva da cultura que temos tentado admitir. Incidentalmente, devemos manter uma vigilância atenta sobre essa "comunidade" persofificada que é o repositório de autoridade.

Outra avaliação do abjetivo da educação é aquela que a vê em termos de mudança social e política. Este, se o entendi bem, é o propósito que inflama Mr. H. C. Dent. "Nosso ideal – diz ele em *A New Order In English Education* – é a democracia plena." Não é definido democracia plena; e, se se atingir a democracia plena, gostaríamos de saber qual é o nosso próximo ideal para a educação depois que esse for realizado.

Mr. Herbert Read dá a sua avaliação do objetivo da educação em *Education Through Art*. Não acho que Mr. Read pudesse considerar o assunto sob o mesmo prisma que Mr. Dent, pois, enquanto Mr. Dent deseja uma "democracia plena", Mr. Read diz que "prefere uma concepção libertária da democracia", que suspeito seja uma democracia muito diferente da de Mr. Dent. Mr. Read é muito mais preciso no emprego das palavras do que Mr. Dent; assim, embora possa confundir menos o leitor apressado, pode embaraçar mais facilmente o leitor diligente. É escolhendo uma concepção libertária da democracia, diz ele, que respondemos à pergunta: "Qual é o propósito da educação?" Esse propósito é definido posteriormente como "a reconciliação da singularidade individual com a unidade social".

Outro tipo de apreciação do objetivo da educação é a avaliação incompleta, da qual nos fornece um exemplo o Dr. F. C. Happold (em *Towards a New Aristocracy*). A tarefa fundamental da educação, nos conta ele, é "treinar o tipo de homens e de mulheres de que a época precisa". Se acreditarmos que existem alguns tipos de homens e mulheres de que cada época necessita, podemos observar que haveria permanência tanto quanto mudança na educação. Mas a avaliação é incompleta, na medida em que somos deixados na curiosidade de saber quem irá determinar quais são as necessidades da época.

Uma das respostas mais freqüentes à pergunta: "Qual é o propósito da educação?" é: "Felicidade". Também Mr. Herbert Read nos dá esta resposta, num panfleto denominado *The Education of Free Men*, ao dizer que não conhece definição melhor dos objetivos da educação do que a de William Godwin: "o verdadeiro objetivo da educação... é a geração de felicidade". "O propósito do Governo – diz o Livro Branco que justifica o último Education Act – é assegurar às crianças uma infância mais feliz e um melhor começo de vida." A felicidade, muitas vezes, está associada ao "pleno desenvolvimento da personalidade".

O Dr. C. E. M. Joad, mostrando mais prudência do que a maioria daqueles que tentaram responder a esta questão, mantém o ponto de vista, que a mim me parece muito sensível, de que a educação tem inúmeras finalidades. Dessas ele relaciona três (em *About Education*, um dos livros mais legíveis sobre o tema que consultei):

1. Capacitar o rapaz ou a moça a ganhar a sua vida...
2. Prepará-lo de modo a desempenhar seu papel como cidadão de uma democracia.
3. Capacitá-lo a desenvolver todos os poderes e faculdades latentes de sua natureza e assim desfrutar uma boa vida.

Neste ponto, é um alívio ter-nos apresentado a noção simples e inteligível de que preparar alguém para ganhar a vida seja um dos propósitos da educação. Observamos novamente a estreita associação entre educação e democracia; aqui também o Dr. Joad é mais prudente talvez do que Mr. Dent ou Mr. Read, não qualificando sua "democracia" com um adjetivo. "Desenvolver todos os poderes e faculdades latentes" parece ser uma variante do "pleno desenvolvimento da personalidade": mas o Dr. Joad é sagaz ao evitar o uso daquela palavra enigmática, "personalidade".

Alguns, sem dúvida, não concordarão com a seleção de objetivos do Dr. Joad. E, com mais razão, podemos nos queixar de que nenhum deles nos leva muito longe sem nos meter em dificuldade. Todos eles contêm alguma verdade: mas, como cada um deles precisa ser corrigido pelos outros, é possível que todos eles precisem ser adequados também a outros propósitos. Cada um deles necessita de alguma qualificação. Um curso particular de educação pode, no mundo em que se encontra o jovem, ser exatamente o que é necessário para desenvolver seus dons peculiares e não obstante prejudicar sua capacidade de ganhar o seu sustento. A educação para que o jovem possa desempenhar seu papel numa democracia é uma adaptação necessária do indivíduo ao ambiente, se a democracia for aquela onde ele vai desempenhar seu papel: se não for, ele está transformando o aluno no instrumento da realização de uma mudança social que o educador tem no coração – e isso não é educação, mas algo mais. Não estou negando que a democracia seja a melhor forma de sociedade, mas, ao introduzir esse padrão na educação, o Dr. Joad, juntamente com outros escritores, está deixando margem, àqueles que acreditam em alguma outra forma de sociedade que o Dr. Joad pode não gostar, de colocar (e, na medida em que ele está falando apenas de educação, o Dr. Joad não poderia refutá-lo) alguma avaliação como a seguinte: "Um dos propósitos da educação é equipar o rapaz ou a moça a desempenhar sua parte como súdito de um governo despótico". Finalmente, no tocante ao desenvolvimento de todos os poderes e faculdades latentes da natureza de alguém, não estou certo de que alguém esperasse por isso: pode ser que possamos desenvolver apenas alguns poderes e faculdades às custas de outros; e que deve haver alguma escolha, bem como inevitavelmente algum acidente, na direção que toma o desenvolvimento de alguém. E, quanto à boa vida, há alguma ambigüidade no sentido em que podemos "desfrutá-la"; e o que é a boa vida foi tema de discussões desde os primeiros tempos até o dia de hoje.

O que observamos de modo especial sobre o pensamento educacional dos últimos anos é o entusiasmo com que foi aceita a educação como instrumento da realização de ideais sociais. Seria uma pena se passássemos por cima das possibilidades da educação como um meio de adquirir *sabedoria*; se depreciássemos a aquisição de *conhecimento* para satisfação da curiosidade, sem qualquer outro motivo senão o desejo de saber; e se perdêssemos nosso respeito pelo *aprender*. Tanto quanto pelo propósito da educação. Continuo com a próxima conjectura.

2. *Que a educação torna o povo mais feliz.*

Já descobri que o objetivo da educação foi definido como sendo tornar o povo mais feliz. A presunção de que ela *torna* o povo mais feliz precisa ser considerada isoladamente. Que a pessoa educada é mais feliz do que a não-educada não é evidente por si só. Aqueles que têm consciência de sua falta de educação, ficam descontentes, se acalentam ambições de sobressair em profissões para as quais não estão qualificados; muitas vezes ficam descontentes simplesmente porque lhes foi dado entender que mais educação os teria tornado mais felizes. Muitos de nós sentem queixa de nossos pais, nossas escolas ou nossas universidades por não terem feito o melhor por nós: isso pode ser um meio de minimizar nossas próprias falhas e desculpar nossos fracassos. De outro lado, ser educado acima do nível daqueles de quem se herdaram os hábitos e gostos sociais, pode provocar dentro de um homem uma divisão que interfere com a felicidade; ainda que, sendo o indivíduo de inteligência superior, isso possa proporcionar-lhe uma vida mais plena e mais útil. E ser treinado, ensinado e instruído acima do nível das capacidades e força de alguém pode ser desastroso; pois a educação é uma carga, e pode impor à mente fardos mais pesados do que a mente pode suportar. Educação demais, como educação de menos, pode produzir infelicidade.

3. *Que a educação é algo que todos desejam.*

As pessoas podem ser persuadidas a desejar quase tudo, por algum tempo, se lhes for dito constantemente que é algo a que têm direito e que lhes é negado injustamente. O desejo espontâneo de educação é maior em algumas comunidades do que em outras; geralmente concordamos em que é maior no Norte do que no Sul da Inglaterra, e mais forte ainda na Escócia. É possível que o desejo de educação seja maior onde existem dificuldades no meio de obtê-la – dificuldades não insuperáveis mas que são vencidas apenas à custa de algum sacrifício e privação. De qualquer modo, podemos conjecturar que a facilidade de educação levará à indiferença por ela; e que a imposição universal de educação acima dos anos de maturidade conduzirá a uma hostilidade contra ela. Uma alta proporção de educação geral é talvez menos necessária para uma sociedade civil do que é um respeito pelo aprendizado.

4. *Que a educação deveria ser organizada de modo a proporcionar "igualdade de oportunidade"*[1].

Do que dissemos em capítulo anterior sobre as classes e elites, segue-se que a educação deveria ajudar a preservar a classe e a escolher a elite. É certo que o indivíduo excepcional teria a oportunidade de elevar-se na escala social e atingir uma posição na qual pudesse exercitar seus talentos para maior proveito seu e da sociedade. Mas o ideal de um sistema educacional que escolhesse automaticamente de acordo com suas capacidades naturais é inatingível na prática; e se o tornássemos nosso objetivo principal, desorganizaria a sociedade e aviltaria a educação. Desorganizaria a sociedade, por substituir as classes por elites de cérebros, ou talvez apenas de capacidades inteligentes. Qualquer sistema educacional que objetivasse um total ajuste entre educação e sociedade tenderia tanto a restringir a educação àquilo que leva ao sucesso no mundo, como a limitar o sucesso no mundo àquelas pessoas que foram bons alunos do sistema.

A perspectiva de uma sociedade governada e dirigida apenas por aqueles que passaram em certos exames e se saíram bem em alguns testes planejados pelos psicólogos não é tranqüilizadora; embora possa dar espaço a talentos até então obscuros, provavelmente obscureceria outros, e reduziria à impotência alguns que poderiam

---

1. A isso pode-se chamar jacobinismo na educação. Segundo alguém que havia dado bastante atenção a isso, o jacobinismo consistia "em tomar o povo como indivíduos iguais, sem qualquer nome ou descrição associados, sem atenção à propriedade, sem divisão de poderes, e formando o governo de delegados a partir de alguns homens, assim constituídos; em destruir ou confiscar a propriedade, e em subornar os credores públicos, ou o pobre, com as mordomias, ora de um lado da comunidade, ora de outro, sem olhar para a prescrição ou profissão" (BURKE, *Remarks on the Policy of the Allies*).

prestar altos serviços. Além disso, o ideal de um sistema uniforme onde cada um que fosse capaz de receber educação superior não deixasse de tê-la, conduz imperceptivelmente à educação de gente demais e conseqüentemente ao rebaixamento dos padrões que este número inchado de candidatos é capaz de atingir.

Nada é mais tocante, no tratado do Dr. Joad, que a passagem em que discorre prolixamente sobre as amenidades de Winchester e Oxford. O Dr. Joad fez uma visita a Winchester; e lá passeou por um jardim encantador. Suspeita-se que tenha percorrido o jardim da Reitoria, mas ele não sabe que jardim era. Este jardim levou-o a ruminar sobre o Colégio, e sua "mistura de obras da natureza e do homem". "O que vejo – disse ele consigo mesmo – é o produto final de uma longa tradição, que remonta através de nossa história, nesse caso particular, até os Tudors." (Não consigo atinar por que ele parou nos Tudors, mas isso foi suficiente para sustentar a emoção de que estava possuída a sua mente.) Não foi somente a natureza e a arquitetura que o impressionaram; tinha consciência igualmente de "uma longa tradição de homens despreocupados que levavam vidas dignas e ociosas". De Winchester sua mente passou a Oxford, à Oxford que ele conhecera como estudante; e de novo, não foi simplesmente sobre a arquitetura e os jardins que seu pensamento se estendeu, mas também sobre os homens:

> Contudo, mesmo no meu próprio tempo... quando a democracia já batia às portas da cidadela que logo ia capturar, podia-se observar algum resultado tímido do acaso grego. Em Balliol, em 1911, havia um grupo de jovens concentrados nos Grenfells e nos John Manners, muitos dos quais foram mortos na última guerra, que achavam certo remar no barco do Colégio, jogar hóquei ou rúgbi para o Colégio ou mesmo para a Universidade, substituir o O.U.D.S., manter-se firme no Colégio Gaudies, gastar parte da noite conversando na companhia dos amigos, embora ao mesmo tempo obtivessem seus conhecimentos e

láureas e First in Greats. O First in Greats era conseguido com muita facilidade, quando o era. Não vi homens iguais a esses antes ou desde então. Talvez fossem os últimos representantes de uma tradição que morreu com eles...

Parece estranho, depois dessas saudosas reflexões, que o Dr. Joad termine seu capítulo apoiando uma proposta de Mr. R. H. Tawney: que o Estado deveria assumir as escolas públicas e usá-las como internatos para acomodar, por dois ou três anos, os alunos intelectualmente mais capazes das escolas secundárias, dos 16 aos 18 anos. Pois as condições em que ele pronuncia tal lacrimosa despedida não foram produzidas pela igualdade de oportunidade. Tampouco foram produzidas por simples privilégio; mas por uma feliz combinação de privilégio e oportunidade, na *mistura* que ele tanto saboreia, cujo segredo nenhuma Lei Educacional descobrirá algum dia.

5. *O dogma do Milton mudo e inglório.*

O dogma da Igualdade de Oportunidade, que está associado à crença de que a superioridade é sempre superioridade do intelecto, de que se pode escolher algum método infalível para a detecção da inteligência, e de que se pode inventar um sistema que a alimentará infalivelmente, recebe um reforço emocional da crença no Milton mudo e inglório. Esse mito admite que uma grande taxa de capacidade de primeira plana — não somente capacidade, mas gênio — está sendo desperdiçada por falta de educação; ou, alternativamente, que, se no decurso de séculos fosse eliminado um único Milton em potencial, por privação do ensino formal, ainda assim valeria a pena virar a educação de pernas para o ar a fim de que isso não acontecesse de novo. (Pode ser embaraçoso aparecerem muitos Miltons e muitos Shakespeares, mas este perigo é remoto.) Fazendo justiça a Thomas

Gray, deveríamos lembrar-nos do último e mais refinado verso da estrofe, e recordar que podemos também ter deixado escapar algum Cromwell *culpado* do sangue de seu país. A proposição de que perdemos muitos Miltons e Cromwells por causa da nossa lentidão em fornecer um sistema estadual compreensivo de educação não pode ser provada ou desaprovada; tem uma forte atração para muitos ardentes espíritos reformistas.

Isso completa minha sucinta lista – que não pretendia ser exaustiva – das crenças correntes. O dogma da oportunidade igual é o mais influente de todos, e é defendido resolutamente por alguns que recuariam diante do que me parece serem suas prováveis conseqüências. É um ideal que só pode ser realizado plenamente quando não mais se respeitar a instituição da família, e quando o controle e a responsabilidade dos pais passar para o Estado. Qualquer sistema que o realizar deve observar que não sejam permitidas quaisquer vantagens oriundas de fortuna familiar, quaisquer vantagens devidas à previdência, ao auto-sacrifício e à ambição dos pais a fim de obter, para alguma criança ou jovem, uma educação superior àquela a que tem direito segundo o sistema. A popularidade da crença é talvez um indicativo de que é aceito o enfraquecimento da família, e que está bastante adiantada a desintegração de classes. Esta desintegração de classes já conduzira a uma estimativa exagerada da importância social da escola certa e do colégio certo na universidade certa, como dando um *status* que antes era próprio simplesmente do berço. Numa sociedade mais articulada que *não* é uma sociedade em que as classes sociais estão isoladas uma da outra: que é, por sua vez, um tipo de decadência – a distinção social da escola ou colégio certos não seria tão desejada, pois a posição social seria marcada em outros caminhos. A inveja que podem ter daqueles que são "mais bem nascidos" é uma veleidade tênue, com apenas uma sombra da paixão com que são desejadas as vantagens materiais. Nenhuma pessoa sã pode consumir-se em amargura por não ter tido ancestrais mais exaltados, pois isso seria desejar ser uma pessoa diferente da que é: mas a vantagem do *status* conferido pela educação numa escola mais moderna é algo que podemos facilmente imaginar que desfrutamos também. A desintegração de classes induziu a expansão da inveja, que fornece amplo combustível para a chama da "oportunidade igual".

Além do motivo de dar a alguém tanta educação quanto possível, porque a educação é em si mesma desejável, existem outros motivos que afetam a legislação educacional: motivos que podem ser dignos de louvor, ou que simplesmente reconhecem o inevitável, e que precisamos mencionar aqui apenas como uma lembrança da complexidade do problema legislativo. Um motivo, por exemplo, para elevar o limite de idade para a escolaridade compulsória é o desejo louvável de proteger o adolescente, e fortalecê-lo contra as influências mais degradantes a que se expõe quando ingressa nas fileiras da indústria. Deveríamos ser sinceros quanto a tal motivo; e, em vez de afirmar o que é duvidoso, que alguém se aproveitará de tantos anos de ensinamento quanto podemos dar-lhe, admitamos que as condições de vida na moderna sociedade industrial são tão deploráveis, e tão fracas as restrições morais, que devemos prolongar a escolaridade do jovem simplesmente porque não sabemos o que fazer para salvá-lo. Em vez de congratularnos por nosso progresso, em que a escola assume uma outra responsabilidade até então deixada aos pais, podemos fazer melhor se admitirmos que chegamos ao estágio de civilização em que a família é irresponsável, ou incompetente, ou desamparada; em que cabe esperar que os pais não possam educar seus filhos adequadamente; em que muitos pais nem mesmo têm condições de alimentá-los adequadamente, e não saberiam como, mesmo que tivessem meios; e que a Educação deve entrar em ação e fazer o melhor de uma tarefa ruim[2].

Mr. D. R. Hardman[3] observou que:

> A era do industrialismo e da democracia pôs fim à maior parte das grandes tradições culturais da Europa, e não menos à arquitetura. No mundo contemporâneo, no qual a maioria recebeu meia educação e muitos nem mesmo um quarto, e no qual se podem obter grandes fortunas e enorme poder mediante a exploração da ignorância e do apetite, houve um vasto colapso cultural que se estendeu da América à Europa e da Europa ao Leste.

Isto é verdade, embora haja algumas inferências que podem ser tiradas de maneira imprópria. A exploração da ignorância e do apetite não é uma atividade apenas dos aventureiros comerciais que fazem grandes fortunas: pode ser feita mais completamente e numa escala maior pelos governos. O colapso cultural não constitui um tipo de infecção que teve início nos Estados Unidos, se espalhou pela Europa, e da Europa contaminou o Leste. (Mr. Hardman pode não ter querido dizer isto, mas suas palavras são interpretáveis dessa forma.) Mas é importante lembrar que a "meia educação" é um fenômeno moderno. Nas eras mais antigas, não se podia dizer que a maioria fora "meio educada" ou menos: as pessoas tinham a educação necessária para as funções que eram chamadas a cumprir. Seria incorreto dizer que um membro de uma sociedade primitiva, ou que um trabalhador agrícola experimentado de qualquer época, era meio educado ou educado um quarto ou alguma fração menor. A *Educação* no sentido moderno implica uma so-

---

2. Espero, contudo, que o leitor destas linhas tenha lido, ou irá ler imediatamente, *The Peckham Experiment*, como ilustração daquilo que pode ser feito, sob condições modernas, para ajudar a família a se ajudar.

3. Como Secretário Parlamentar do Ministério da Educação, falando em 12 de janeiro de 1946, na reunião gral de Middlesex Head Teachers' Association.

ciedade desintegrada, na qual se chegou a admitir que deve haver uma medida de educação segundo a qual cada um é simplesmente educado mais ou menos. Portanto, *Educação* tornou-se uma abstração.

Chegados a essa abstração, afastada da vida, é fácil prosseguir até à conclusão – pois todos nós concordamos com o "colapso cultural" – de que a educação para todos é um meio que devemos empregar para juntar a civilização de novo. Ora, enquanto concebermos como "educação" tudo o que forma o indivíduo bom numa sociedade boa, estamos de acordo, embora a conclusão não pareça nos atingir em toda a parte; mas, quando consideramos como "educação" esse sistema limitado de instrução que o Ministério da Educação controla, ou procura controlar, o remédio é manifesta e ridiculamente inadequado. O mesmo se pode dizer da definição do objeto da educação que já encontramos em *The Churches Survey Their Task*. Segundo essa definição, a educação é o processo pelo qual a comunidade tenta transmitir a todos os seus membros a sua cultura, inclusive os padrões pelos quais ela os manteria vivos. Nessa definição, a comunidade é uma mente coletiva inconsciente, muito diferente da mente do Ministério da Educação, ou da Associação dos Diretores de Escola, ou da mente de quaisquer dos muitos organismos envolvidos com educação. Se incluirmos como educação todas as influências da família e do meio, estamos indo muito além daquilo que os educadores profissionais podem controlar – conquanto seu poder possa estender-se, na verdade, até bastante longe; mas, se indicarmos que a cultura é aquilo que é transmitido por nossas escolas elementares e secundárias, ou por nossas escolas preparatórias e públicas, então estamos afirmando que um órgão é todo um organismo. Pois as escolas só podem transmitir uma parte, e só podem transmitir essa parte efetivamente, se as influências externas, não só da família e do meio, mas também do trabalho e do lazer, da imprensa e dos espetáculos e da diversão e do esporte, estiverem em harmonia com eles.

O erro muitas vezes se insinua através de nossa tendência a imaginar cultura exclusivamente como cultura de grupo, a cultura das classes e elites "cultas". Depois, continuamos a pensar que a parte mais humilde da sociedade tem cultura apenas na medida em que participa dessa cultura superior e mais consciente. Tratar a massa "deseducada" da população como podemos tratar alguma tribo inocente de selvagens a quem somos impelidos a transmitir a fé verdadeira, é encorajá-los a neglicenciar ou desprezar essa cultura que poderiam possuir e da qual a parte mais consciente da cultura tira vitalidade, e almejar tornar cada um partícipe na apreciação dos frutos da parte mais consciente da cultura é adulterar e depreciar o que estamos dando. Pois é condição essencial da preservação da qualidade da cultura da minoria que ela continue a ser uma cultura de minoria. Nenhum dos Young Peoples' Colleges compensará a deterioração de Oxford e Cambridge, e o desaparecimento daquela "mistura" que o Dr. Joad aprecia. Uma "cultura de massa" sempre será uma cultura de substituto; e mais cedo ou mais tarde tornar-se-á aparente a decepção daqueles mais inteligentes aos quais foi impingida essa cultura.

Não estou questionando a utilidade, ou ridicularizando a dignidade dos Young Peoples' Colleges, ou de qualquer outra nova construção particular. Na medida em que essas instituições podem ser boas, são mais propensas a serem boas, e não transmitirem desapontamento, se estivermos francamente conscientes dos limites do que pudemos fazer com elas, e se combatermos a desilusão de que as doenças do mundo podem ser curadas por um sistema de ensino. Uma medida desejável como paliativo pode ser prejudicial se for apresentada como cura. Meu ponto principal é aquele mesmo que tentei apresentar no capítulo anterior, quando falei da

133

tendência da política a dominar a cultura, em vez de manter-se em seu lugar dentro de uma cultura. Existe também o perigo de que a educação – que vem na verdade sob a influência da política – se encarregará, ela mesma, da reforma e direção da cultura, em vez de se manter como uma das atividades através das quais uma cultura se realiza. A cultura não pode de modo geral ser trazida à consciência, e a cultura da qual somos totalmente conscientes nunca é toda a cultura: a cultura efetiva é aquela que está dirigindo as atividades daqueles que estão manipulando aquilo que *chamam* cultura.

Assim, o ponto instrutivo é este: quanto mais a educação se arroga a responsabilidade, mas sistematicamente ela evidenciará cultura. A definição do objetivo da educação em *The Churches Survey Their Task* volta a incomodar-nos como o riso de hienas num funeral. *Onde essa cultura é considerada definitiva, é feita a tentativa de impô-la às mentes mais jovens. Onde é vista como um estágio no desenvolvimento, as mentes mais jovens são treinadas tanto para recebê-las como para aperfeiçoá-la.* Essas são frases carinhosas que reprovam nossos antepassados culturais – inclusive os da Grécia, Roma, Itália, e França – que não tinham noção até onde ia sua cultura para ser aperfeiçoada depois da Oxford Conference on Church, Community and State of 1937. Sabemos que as maiores realizações do passado, nas artes, no conhecimento, na santidade, eram apenas "estágios em desenvolvimento" que podemos ensinar nossos jovens a aperfeiçoar. Devemos treiná-los não simplesmente para receber a cultura do passado, pois isso seria encarar a cultura do passado como definitiva. Não devemos impor a cultura ao jovem, embora possamos impor-lhes qualquer filosofia política e social que esteja em voga. E, não obstante, a cultura da Europa se deteriorou visivelmente dentro da memória de muitos que, de modo nenhum, são os mais velhos de nós. E sabemos que, se a educação pode fomentar e melhorar ou não a cultura, pode com certeza adulterá-la e degradá-la. Pois, não há dúvida de que, em nosso impulso precipitado para educar a todos, estamos baixando nossos padrões, e abandonando mais e mais o estudo daqueles assuntos pelos quais é transmitido o essencial de nossa cultura – daquela parte que é transmissível pela educação; destruindo nossos antigos edifícios para preparar o terreno onde os nômades bárbaros do futuro acamparão com suas caravanas mecanizadas.

O parágrafo anterior deve ser considerado apenas como um arabesco incidental para despertar os sentimentos do escritor e talvez de alguns poucos de seus leitores simpatéticos. Não é mais possível, como pode ter sido cem anos atrás, achar consolo na melancolia profética; e tais meios de fuga revelarão as intenções deste ensaio, tal como está afirmado em minha introdução. Se o leitor chega ao ponto de concordar em que o tipo de organização de sociedade que indiquei pode ser o mais favorável ao crescimento e sobrevivência de uma cultura superior, deveria então considerar se os *meios* são, em si mesmos, desejáveis como *fins*: pois afirmei que não podemos diretamente começar a criar ou melhorar cultura – podemos tão-somente desejar os meios que são favoráveis à cultura, e ao fazê-lo devemos estar convencidos de que estes meios são, por si sós, socialmente desejáveis. E, além desse ponto, devemos seguir considerando até onde são possíveis essas condições de cultura, ou mesmo, numa situação particular numa época particular, se são compatíveis com todas as necessidades imediatas e prementes de uma emergência. Pois uma coisa a evitar é um planejamento *universalizado*; uma coisa a determinar são os limites do planejável. Minha investigação, portanto, foi dirigida para o significado da palavra *cultura*: de modo que cada um deveria ao menos parar para examinar o que essa palavra significa para si, e o que significa para si em cada contexto particular antes de usá-la. Mesmo essa modesta aspiração, se for realizada, pode ter conseqüências na política e na condução de nossos empreendimentos "culturais".

Apêndice: A UNIDADE DA CULTURA EUROPÉIA

I

É esta a primeira vez que me dirijo a ouvintes de língua alemã, e antes de falar sobre assunto tão amplo, acho que deveria apresentar minhas credenciais. Pois, na verdade, a unidade da cultura européia constitui um assunto muito amplo, e ninguém deveria falar sobre ele, a menos que possuísse algum conhecimento ou experiência. Então, começaria por esse conhecimento e experiência e mostraria que relação apresenta com referência ao tema geral. Sou poeta e crítico de poesia; fui também, de 1922 a 1939, o editor de uma revista trimestral. Nessa primeira palestra, tentarei mostrar o que a primeira dessas duas profissões tem a ver com meu tema, e que conclusões minha experiência me levou a tirar. Assim, esta é uma série de palestras sobre a unidade da cultura européia, do ponto de vista de um homem de letras.

Foi afirmado muitas vezes que, de todas as línguas da Europa moderna, o inglês é a mais rica para se escrever poesia. Acho que essa afirmação se justifica. Mas observem, por favor, que, quando eu disse "a mais rica para se escrever poesia", fui cuidadoso em minhas palavras: não quero dizer que a Inglaterra tenha produzido os maiores poetas, ou a maior quantidade de grande poesia. Essa é uma outra questão. Existem grandes poetas em outras línguas: Dante é certamente maior que Milton, e pelo menos tão grande quanto Shakespeare. E mesmo, no tocante à quantidade de grande poesia, não estou preocupado em afirmar que a Inglaterra produziu mais. Digo simplesmente que a língua inglesa é o meio mais notável para o poeta fazer poesia. Tem o vocabulário mais amplo: tão amplo que o seu domínio por qualquer poeta parece estéril em comparação com sua riqueza total. Mas não é essa a razão pela qual é a língua mais rica para a poesia: é apenas uma conseqüência da razão real. Essa razão, no meu entender, é a variedade dos elementos de que é composto o inglês. Em primeiro lugar, é claro, existe o alicerce germânico, o elemento que os senhores e nós temos em comum. Depois, encontramos um elemento escandinavo considerável, devido em primeiro lugar à conquista dinamarquesa. Em seguida, há o elemento franco-normando, depois da conquista normanda. Depois disso, seguiram-se uma sucessão de influências francesas, determináveis pelas palavras adotadas em períodos diferentes. O século XVI assistiu ao incremento de novas palavras cunhadas a partir do latim; e o desenvolvimento da língua, do começo do século XVI até meados do XVII, foi amplamente um processo de testar novas palavras latinas, assimilando algumas e rejeitando outras. E existe um outro elemento no inglês, que não é de tão fácil determinação, mas considero de grande importância: o céltico. Mas, em toda essa história, não estou pensando apenas nas Palavras, estou pensando, no caso da poesia, principalmente nos Ritmos. Cada uma dessas línguas trouxe consigo sua própria música: e a riqueza da língua inglesa para a poesia está, antes de tudo, na variedade de seus elementos métricos. Existe o ritmo do verso saxônico antigo, o ritmo do franco-normando, o ritmo do galês, bem como a influência de gerações de estudo da poesia grega e latina. E mesmo atualmente, a língua inglesa desfruta de constantes possibilidades de revigoramento a partir de seus vários centros: vocabulário à parte, poemas escritos por ingleses, galeses, escoceses e irlandeses, todos em inglês, continuam a mostrar diferenças em sua Música.

Não me dei ao trabalho de falar aos senhores para elogiar minha própria língua; meu motivo de discuti-la é que acho que o inglês é uma boa língua para a poesia porque é composta de tantas fontes européias diferentes. Como eu disse, isso não implica que a Inglaterra tenha produzido os maiores poetas. A arte, como disse Goethe, está em limitação: e um grande poeta é aquele que faz o máximo com a língua que lhe foi dada. O poeta verdadeiramente grande faz de sua língua uma grande língua. Todavia, é verdade que temos a tendência a pensar, de cada um dos maiores povos, que são melhores numa arte do que em outra: a Itália e depois a França na pintura, a Alemanha na música, e a Inglaterra na poesia. Mas, primeiramente, nenhuma arte foi a posse exclusiva de algum país da Europa. E, em segundo lugar, houve períodos em que algum outro país que não a Inglaterra tomou a dianteira na poesia. Por exemplo, nos últimos anos do século XVIII e no primeiro quartel do XIX, o movimento romântico certamente dominou na poesia inglesa. Mas, na segunda metade do século XIX, a maior contribuição para a poesia foi feita certamente pela

França. Refiro-me à tradição que se inicia com Baudelaire e culmina em Paul Valéry. Arrisco-me a dizer que, sem essa tradição francesa, a obra de três poetas em outras línguas – e três muito diferentes entre si – refiro-me a W. B. Yeats, a Rainer Maria Rilke e, se posso, a mim mesmo – dificilmente poderia ser concebida. E, por complicadas que sejam essas influências literárias, devemos lembrar que mesmo esse movimento francês deve muito a um americano de origem irlandesa: Edgar Allan Poe. E, mesmo quando um país e uma língua se sobressaem entre todos os outros, não precisamos admitir que os poetas a quem se deve essa sobrepujança são necessariamente os maiores poetas. Já falei do movimento romântico na Inglaterra. Mas, naquele tempo, Goethe estava escrevendo. Não conheço um padrão pelo qual se possa medir a grandeza relativa de Goethe e Wordsworth como poetas, mas a obra total de Goethe tem um alcance que o transforma num homem maior. E nenhum poeta inglês contemporâneo de Wordsworth pode ser comparado a Goethe.

Fui levado a outra verdade importante sobre a poesia na Europa. Isto é, que nenhuma nação, nenhuma língua, teria realizado o que realizou, se a mesma arte não tivesse sido cultivada em países vizinhos e em línguas diferentes. Não podemos entender uma literatura européia sem conhecer um pouco das outras. Quando examinamos a história da poesia na Europa, descobrimos uma trama de influências tecidas de lá para cá e vice-versa. Houve bons poetas que não conheciam outra língua além da sua própria, mas mesmo eles foram submetidos a influências recolhidas e disseminadas por outros escritores entre seu próprio povo. Ora, a possibilidade de cada literatura se renovar, de caminhar para nova atividade criadora, de fazer novas descobertas no emprego das palavras, depende de duas coisas. Primeiro, da sua capacidade de receber e assimilar influências de fora. Segundo, de sua capacidade de voltar atrás e abeberar-se em suas próprias fontes. Quanto ao primeiro caso, quando os vários países da Europa forem isolados um do outro, quando os poetas não mais lerem qualquer literatura a não ser em sua própria língua, a poesia em cada país com certeza deve deteriorar-se. Quanto ao segundo, desejo indicá-lo de modo especial: que toda literatura deve ter algumas fontes que são peculiarmente suas, enraizadas profundamente em sua história; mas também, e ao menos igualmente importantes, são as fontes que temos em comum: isto é, a literatura de Roma, da Grécia e de Israel.

Há uma pergunta que poderia ser feita nesta altura e que deveria ter uma resposta. O que dizer das influências de fora da Europa, da grande literatura da Ásia?

Na literatura asiática, há grande poesia. Há também profunda sabedoria e um pouco de metafísica muito difícil; mas, no momento, estou interessado apenas na poesia. Não tenho conhecimento de quaisquer das línguas árabe, persa ou chinesa. Tempos atrás, estudei as antigas línguas hindus, e embora naquela época estivesse profundamente interessado na Filosofia, também li um pouco de poesia; e sei que minha poesia revela a influência do pensamento e da sensibilidade indianos. Mas, de modo geral, os poetas não são eruditos orientais – eu mesmo nunca fui um erudito; e a influência da literatura oriental sobre os poetas se dá usualmente através de traduções. Que houve alguma influência da poesia oriental no último século e meio é inegável: para exemplificar apenas com a poesia inglesa e em nosso tempo, as traduções poéticas do chinês feitas por Ezra Pound, e as feitas por Arthur Waley, provavelmente foram lidas por todo poeta que escrevia em inglês. É óbvio que, através de intérpretes individuais, especialmente dotados para apreciar uma cultura remota, toda literatura pode influenciar qualquer outra; e enfatizo isso. Pois, quando falo da unidade da cultura européia, não quero dar a impressão de que encaro a cultura européia como algo isolado de todas as outras. As fronteiras entre as culturas não são, e não poderiam ser, fechadas. Mas a história faz uma diferença. Aqueles países que têm em comum a maior parte da história, são mais importantes um para o outro, com respeito à sua literatura futura. Temos nossos clássicos comuns, da Grécia e de Roma; temos um clássico comum mesmo em nossas várias traduções da Bíblia.

O que eu disse da poesia, acho que é verdade também com relação às outras artes. O pintor ou o compositor talvez goze de maior liberdade, na medida em que não é limitado por uma língua particular, falada apenas numa parte da Europa; mas na prática de toda arte acho que encontramos os mesmos três elementos: a tradição local, a tradição européia comum, e a influência da arte de um país europeu sobre a de outro. Coloco isso apenas como sugestão. Devo limitar-me à arte que conheço um pouco. Na poesia pelo menos, nenhum país pode ser, de modo conseqüente, altamente criativo por um período indefinido. Cada país deve ter sua época secundária, quando não ocorre nenhum novo desenvolvimento notável: e assim o centro de atividade se deslocará para cá e para lá entre um país e outro. E na poesia não existe essa coisa de total originalidade, sem dever nada ao passado. Sempre que nascer um Virgílio, um Dante, um Shakespeare, um Goethe, todo o futuro da poesia européia é alterado. Na época em que vive um grande poeta, certas coisas são feitas de uma vez por todas, e não podem ser realizadas novamente; mas, por outro lado, todo grande poeta acrescenta algo ao material complexo com que será escrita a poesia futura.

Estive falando da unidade da cultura européia tal como é ilustrada pelas artes e, entre as artes, pela única de que estou qualificado a falar. Na próxima vez, quero falar da unidade da cultura européia tal como é ilustrada pelas idéias. Mencionei no início que, no período entre as duas guerras, fui editor de uma revista trimestral. Minha experiência nesse campo, e minhas reflexões sobre ele, proporcionarão o ponto de partida para a minha próxima palestra.

II

Em minha primeira palestra, eu disse que fundei e editei, no período entre as duas guerras, uma revista literária. Mencionei isso em primeiro lugar como uma de minhas qualificações para falar desse tema geral. Mas também a história dessa revista ilustra alguns dos pontos que quero ressaltar. Assim, espero que, depois que lhes tiver dito algo sobre isso, os senhores começarão a ver sua relevância ao tema dessas palestras.

Produzi o primeiro número dessa revista no outono de 1922, e decidi acabar com ela com o primeiro número do ano de 1939. Assim, os senhores podem ver que sua vida cobriu quase o mesmo período que costumamos chamar de anos de paz. Exceto durante um período de seis meses, nos quais tentei a experiência de produzi-la mensalmente, sua publicação era de quatro vezes por ano. Quando comecei essa revista, tinha em mente reunir o que havia de melhor no pensamento e na literatura novos em sua época, de todos os países europeus que tinham algo para contribuir para o bem comum. Naturalmente, era destinada primariamente aos leitores ingleses, e portanto todas as colaborações estrangeiras tinham de ser traduzidas para o inglês. Pode ser que haja uma função para as revistas publicadas em duas ou mais línguas, e em dois ou mais países ao mesmo tempo. Mas mesmo essas revistas, quando buscam colaborações de toda a Europa, devem conter algumas peças de tradução, se desejam ser lidas por todos. E não podem tomar o lugar daqueles periódicos que são publicados em cada país e são dirigidos principalmente aos leitores daquele

143

país. Assim, minha revista era um periódico inglês comum, apenas de alcance internacional. Portanto, procurei primeiro descobrir onde estavam os melhores escritores, desconhecidos ou pouco conhecidos fora de seu próprio país, cuja obra merecesse uma divulgação mais ampla. Segundo, tentei estabelecer relações com aqueles periódicos literários no exterior, cujos objetivos correspondiam mais ou menos aos meus. Como exemplo, posso mencionar a *Nouvelle Revue Française* (então editada por Jacques Rivière, e mais tarde por Jean Paulhan), a *Neue Rundschau*, a *Neue Schweizer Rundschau*, a *Revista de Occidente* na Espanha, *Il Convegno* e outras na Itália. Essas ligações se desenvolveram muito satisfatoriamente, e não foi por culpa de nenhum dos editores interessados se elas definharam com o tempo. Ainda sou da opinião, vinte e três anos depois que comecei, e sete anos depois que terminei, que a existência de tal rede de revistas independentes, pelo menos uma em cada capital da Europa, é necessária para a transmissão de idéias – e tornar possível a circulação das idéias enquanto estão ainda frescas. Os editores de tais revistas, e se possível os colaboradores mais regulares, deveriam conhecer-se um ao outro pessoalmente, visitarem-se um ao outro, conversarem entre si, e trocarem idéias nessas conversas. Em qualquer periódico dessa natureza, é claro, deve haver muita coisa que interessa somente aos leitores de sua própria nação e língua. Mas sua cooperação estimularia, continuamente, essa circulação de influência de pensamento e sensibilidade, entre nação e nação na Europa, que fertiliza e renova a partir do estrangeiro a literatura de cada um deles. E através de tal cooperação, e da amizade entre homens de letras que daí decorre, emergirão à opinião pública essas obras de literatura que não têm apenas significado local, mas alcance europeu.

Contudo, o ponto particular de minha fala sobre meus objetivos, com relação a uma revista que está morta há sete anos, é que no fim eles fracassaram. E atribuo esse fracasso principalmente ao fechamento gradativo das fronteiras mentais da Europa. Uma espécie de autarcia cultural se seguiu inevitavelmente à autarcia econômica e política. Isso simplesmente não interrompeu as comunicações: acredito que tivesse um efeito entorpecedor sobre a atividade criativa dentro de cada país. A doença atacou primeiramente nossos amigos italianos. E depois de 1933 as colaborações alemãs se tornaram cada vez mais difíceis. Alguns de nossos amigos morreram; outros desapareceram; alguns simplesmente silenciaram. Alguns partiram para o estrangeiro, arrancados de suas próprias raízes culturais. O último que encontramos e o último que perdemos foi o grande crítico e bom europeu, que faleceu poucos meses atrás: Theodor Haecker. E, a partir de muita coisa escrita em alemão que vi na década de 30, por autores anteriormente desconhecidos para mim, formei a opinião de que os escritores alemães mais novos tinham cada vez menos a dizer à Europa; que eles estavam cada vez mais dizendo o que podia ser entendido, se era entendido de algum modo, apenas na Alemanha. O que aconteceu na Espanha é mais confuso ainda: o tumulto da guerra civil dificilmente foi favorável ao pensamento e à literatura criativos; e a guerra dividiu e dispersou, quando não destruiu, muitos dos seus escritores mais capazes. Na França ainda ocorreu atividade intelectual livre, mas cada vez mais incomodada e limitada por ansiedades e pressentimentos políticos, e pelas divisões internas que as dominações políticas estabeleceram. A Inglaterra, embora manifestasse alguns sintomas da mesma doença, continuou aparentente intata. Mas acho que nossa literatura desse período sofreu da restrição cada vez maior a seus próprios recursos, bem como da obsessão com a política.

Ora, o primeiro comentário que devo fazer sobre essa história de uma revista literária que havia fracassado claramente em seu propósito, vários anos antes que os acontecimentos a levasse ao fim, é esse. Uma preocupação universal com a política não une, divide. Une aqueles povos politicamente predispostos a um acordo, através das fronteiras das nações, contra algum outro grupo internacional que sustenta opiniões contrárias. Mas tende a destruir a unidade cultural da Europa. *The Criterion*, era esse o nome da revista que editei, tinha, acho eu, um caráter e coesão definidos, embora seus colaboradores fossem homens que defendiam as mais diversas opiniões políticas, sociais e religiosas. Acho também que ela tinha uma congenialidade definida com os periódicos estrangeiros com os quais se associou. A questão das opiniões políticas, sociais e religiosas de um escritor simplesmente não entrou em nossos cálculos, ou nos de nossos colegas do exterior. O que era a base comum, tanto em casa como fora, não é fácil de definir. Naqueles dias era desnecessário formulá-la; atualmente, torna-se impossível formular. Eu poderia dizer que era uma preocupação comum com os mais altos padrões tanto de pensamento quanto de expressão, que era uma curiosidade comum e uma abertura da mente a idéias novas. As idéias com que você não concordava, as opiniões que você não podia aceitar, eram tão importantes para você quanto aquelas que você achava imediatamente aceitáveis. Você examinava-as sem hostilidade, e com a certeza de que podia aprender com elas. Em outras palavras, podíamos ter como certo um interesse, um prazer, em idéias por elas mesmas, no livre jogo da inteligência. E acho que também, entre os nossos principais colaboradores e colegas, havia algo que não era uma crença sustentada conscientemente, mas uma presunção inconsciente. Algo de que nunca se havia duvidado, e portanto não havia necessidade de erguê-lo ao nível consciente de afirmação. Era a presunção de que existia uma fraternidade internacional dos homens de letras, dentro da Europa: um veículo que não substituiu as lealdades religiosas, as lealdades nacionais e as diferenças de filosofia política, mas era perfeitamente compatível com todas elas. E o nosso negócio era não tanto fazer prevalecerem algumas idéias particulares, mas manter a atividade intelectual no seu nível mais alto.

Não acho que *The Criterion*, em seus finais, tenha conseguido totalmente sobreviver a esse ideal. Acho que, nos últimos anos, sua tendência foi refletir um ponto de vista particular, em vez de ilustrar uma variedade de opiniões nesse plano. Mas não acho que isso se deva inteiramente a uma falha do editor: acho que isso proveio parcialmente da pressão das circunstâncias de que falei.

Não quero afirmar que política e cultura não têm nada a ver uma com a outra. Se elas pudessem ser mantidas totalmente afastadas entre si, o problema poderia ser mais simples do que é. A estrutura política de uma nação afeta sua cultura e, por sua vez, é afetada por essa cultura. Mas, hoje em dia, temos tomado interesse demais pela política interna dos outros, e ao mesmo tempo temos pouco contato com a cultura dos outros. A confusão entre cultura e política pode conduzir a duas direções diferentes. Pode tornar uma nação intolerante a toda cultura que não seja a sua própria, de modo a sentir-se impelida a aniquilar, ou transformar, toda cultura em torno dela. Um erro da Alemanha hitlerista foi admitir que qualquer outra cultura que não a germânica fosse ou decadente ou bárbara. Ponhamos um fim a tais presunções. A outra direção a que pode levar a confusão entre cultura e política é em favor de um ideal de um Estado mundial no qual haja, no fim, apenas uma cultura mundial uniforme. Não estou criticando aqui quaisquer esquemas de organização mundial. Tais esquemas pertencem ao plano da engenharia, da invenção de máquinas. As máquinas são necessárias, porém quanto mais perfeita a máquina, melhor. Mas a cultura é algo que deve crescer; não podemos construir um árvore, podemos apenas plantá-la, e cuidar dela, e esperar que ela amadureça no seu devido tempo; e, quando estiver crescida, não devemos nos queixar se você acha que de uma bolota nasceu um carvalho, e não um olmo. E uma estrutura política é, em parte construção, em parte crescimento; em parte maquinaria, e a mesma maquinaria, se for boa, é igualmente boa para todos os povos; e em parte crescimento com e a partir da cultura da nação, e nesse sentido diferente da das outras nações. Fora a saúde da cultura da Europa são necessárias duas condições: que a cultura de cada país seja única, e que as culturas diferentes reconheçam seu relacionamento entre si, de modo que cada uma seja suscetível de influência das outras. E isso é possível porque existe um elemento comum na cultura da Europa, uma história entrelaçada de pensamento e sentimento e comportamento, um intercâmbio de artes e de idéias.

Em minha próxima palestra, tentarei definir esse elemento comum mais estritamente; e acho que irá exigir que eu fale um pouco mais sobre o significado que confiro a essa palavra "cultura", que venho usando com tanta constância.

III

Disse no final de minha segunda palestra que gostaria de esclarecer um pouco mais o que quero dizer quando uso o termo cultura. Como "democracia", é esse um termo que precisa não só de definição, como também de ilustração, quase toda vez que o empregamos. E é necessário esclarecer o que queremos indicar com o termo "cultura", de modo que podemos ser claros sobre a distinção entre a organização material da Europa e o organismo espiritual da Europa. Se o último morre, então o que você organiza não será Europa, mas simplesmente uma massa de seres humanos que falam várias línguas diferentes. E não mais haverá qualquer justificativa para que continuem a falar diferentes línguas, pois não mais terão algo a dizer que não possa ser dito igualmente bem em qualquer língua: em suma, não mais terão algo a dizer em poesia. Já afirmei que não pode haver cultura "européia" se os vários países estiverem isolados uns dos outros: acrescento agora que não pode haver cultura européia se esses países forem reduzidos à identidade. Necessitamos de variedade na unidade: não a unidade de organização, mas a unidade de natureza.

Então, "cultura" significa para mim antes de tudo o que significa para os antropólogos: o modo de vida de um povo particular que vive junto num lugar. Essa cultura tornou-se visível em suas artes, em seus sistemas sociais, em seus hábitos e costumes, em sua religião. Mas essas coisas ajuntadas não constituem a cultura, embora muitas vezes falemos por conveniência como se fossem. Essas coisas são simplesmente as partes em que uma cultura pode ser anatomizada, tal como pode sê-lo um corpo humano. Mas, assim como um homem é algo mais que uma reunião das várias partes constituintes de seu corpo, uma cultura é mais que a reunião de suas artes, costumes e crenças religiosas. Essas coisas todas agem uma sobre a outra, e para entender plenamente uma você tem de entender todas. Ora, há naturalmente culturas superiores e culturas inferiores, e as culturas superiores em geral são distinguidas por diferenciação de função, de modo a se poder falar do estrato da sociedade menos culto e do mais culto, e finalmente pode-se falar de indivíduos como sendo excepcionalmente cultos. A cultura de um artista ou de um filósofo é distinta da de um mineiro ou do trabalhador rural; a cultura de um poeta será algo diferente da de um político; mas, numa sociedade sadia, essas são todas partes da mesma cultura; e o artista, o poeta, o filósofo, o político e o trabalhador terão uma cultura em comum, que não partilham com outras pessoas das mesmas profissões em outros países.

Ora, é óbvio que uma unidade de cultura é aquela onde as pessoas vivem juntas e falam a mesma língua: porque falar a mesma língua significa pensar e sentir, e ter emoções, de modo totalmente diferente das pessoas que usam uma língua diferente. Mas as culturas de povos diferentes afetam uma à outra: no mundo do futuro afigura-se como se cada parte do mundo afetasse a outra parte. Sugeri anteriormente que as culturas dos países diferentes da Europa, no passado, tiraram grande benefício da influência de uma sobre a outra. Sugeri que a cultura nacional que se isola de bom grado, ou a cultura nacional que é afastada das outras por circunstâncias que não pode controlar, sofre com esse isolamento. Também, que o país que recebe cultura do exterior, sem ter algo a dar em troca, e o país que objetiva impor sua cultura a outro, sem aceitar algo em retorno, sofrerão dessa falta de reciprocidade.

Contudo, há alguma coisa mais do que uma troca geral de influências culturais. Não se pode nem mesmo tentar comerciar de maneira igual com qualquer outra nação: haverá umas que necessitam do tipo de mercadorias que você produz, mais do que outras, e haverá umas que produzem as mercadorias que você mesmo necessita, e outras não produzem. Assim, as culturas de povos de línguas diferentes podem se relacionar mais ou menos estritamente: e às vezes relacionadas tão estritamente que podemos dizer que têm uma cultura comum. Ora, quando falamos de "cultura européia", referimo-nos às identidades que se podem descobrir nas várias culturas nacionais; e naturalmente mesmo dentro da Europa, algumas culturas estão mais estreitamente relacionadas do que outras. Da mesma forma, uma cultura dentro de um grupo de culturas pode relacionar-se de perto, de lados diferentes, com duas culturas que não estão relacionadas entre si. Os meus primos não são todos primos entre si, pois alguns são do lado paterno e outros do materno. Ora, assim como recusei considerar a cultura da Europa simplesmente como a soma de inúmeras culturas não-relacionadas na mesma área, recusei separar o mundo em grupos culturais totalmente não-aparentados; recusei traçar qualquer linha absoluta entre Leste e Oeste, entre Europa e Ásia. Contudo, existem certos aspectos comuns na Europa, que tornam possível falar de uma cultura européia. Quais são eles?

A força predominante na criação de uma cultura comum entre povos que têm, cada um, sua cultura distinta é a religião. Não cometam, por favor, o erro, nesta altura, de antecipar meu propósito. Essa não é uma palestra religiosa, e não estou procurando converter ninguém. Estou simplesmente afirmando um fato. Não estou tão interessado na comunhão dos adeptos cristãos de hoje; estou falando da tradição comum do Cristianismo que fez da Europa o que ela é, e dos elementos culturais comuns que esse Cristianismo comum trouxe consigo. Se a Ásia se convertesse amanhã ao Cristianismo, nem por isso se tornaria uma parte da Europa. Foi no Cristianismo que nossas artes se desenvolveram; foi no Cristianismo que as leis da Europa foram arraigadas – até recentemente. É contra o pano-de-fundo do Cristianismo que todo o nosso pensamento tem significação. Um indivíduo europeu pode não acreditar que a Fé cristã seja verdadeira, e não obstante o que ele diz, faz e age brotará totalmente da sua herança da cultura cristã e dependerá dessa cultura para seu significado. Somente uma cultura cristã poderia ter produzido um Voltaire ou um Nietzsche. Não creio que a cultura da Europa pudesse sobreviver ao completo desaparecimento da Fé cristã. E estou convencido disso, não apenas porque eu mesmo sou um cristão, mas na qualidade de estudante de biologia social. Se o Cristianismo anda, toda a nossa cultura anda. Então você deve começar dolorosamente

151

de novo, e não pode assumir uma nova cultura já-feita. Você tem de esperar que o capim cresça para alimentar a ovelha que dará a lã da qual será feito seu novo casaco. Você tem de atravessar muitos séculos de barbárie. Não viveríamos para ver a nova cultura, nem tampouco nossos tataranetos: e se o conseguíssemos, nenhum de nós seria feliz nela.

À nossa herança cristã devemos muitas coisas além da fé religiosa. Por meio dela seguimos a evolução de nossas artes, por meio dela temos nossa concepção da Lei romana que tanto fez para moldar o Mundo ocidental, por meio dela temos nossos conceitos de moralidade pública e privada. E por meio dela temos nossos padrões comuns de literatura, nas literaturas da Grécia e de Roma. O mundo ocidental tem sua unidade nessa herança, no Cristianismo e nas antigas civilizações da Grécia, de Roma e de Israel, a partir das quais, devido a dois mil anos de Cristianismo, determinamos a nossa descendência. Não desejo elaborar esse ponto. O que eu quero dizer é que esta unidade nos elementos comuns da cultura, em muitas centúrias, é o verdadeiro vínculo entre nós. Nenhuma organização política e econômica, por mais boa vontade que ela exija, pode suprir o que essa unidade cultural dá. Se dissiparmos ou jogarmos fora nosso patrimônio comum de cultura, então toda a organização e planejamento das mentes mais engenhosas não nos ajudará, ou nos colocará mais juntos.

A unidade da cultura, em comparação com a unidade da organização política, não exige de nós todos que tenhamos apenas uma lealdade: isso significa que haverá uma variedade de lealdades. É errado que o único dever do indivíduo seja para com o Estado; é fantástico afirmar que o dever supremo de todo indivíduo seja para com um Super-Estado. Darei um exemplo do que quero dizer quando falo numa variedade de lealdades. Nenhuma universidade deve ser simplesmente uma instituição nacional, mesmo que seja mantida pela nação. As universidades da Europa deveriam ter seus ideais comuns, deveriam ter suas obrigações uma para com a outra. Deveriam ser independentes dos governos dos países nos quais se situam. Não deveriam ser instituições para o treinamento de uma burocracia eficiente, ou para equipar cientistas a poderem obter o melhor de cientistas estrangeiros; deveriam significar a preservação do aprendizado, a busca da verdade e, na medida em que os homens são capazes disso, o alcance da sabedoria.

Há muito mais coisa que gostaria de dizer nessa última palestra, mas agora devo ser breve. Meu último apelo é aos homens de letras da Europa, que têm uma responsabilidade especial pela preservação e transmissão de nossa cultura comum. Podemos sustentar opiniões políticas muito diferentes, nossa responsabilidade comum é preservar nossa cultura comum da contaminação por influências políticas. Não é uma questão de sentimento: não importa tanto se gostamos um do outro, ou louvamos os escritos um do outro. O que importa é que reconheçamos nosso relacionamento e dependência mútua entre nós. O que importa é a nossa incapacidade, sem a ajuda um do outro, de produzir essas excelentes obras que assinalam uma civilização superior. Não podemos, no momento, manter muita comunicação entre nós. Não podemos visitar um ao outro como indivíduos privados; se viajamos de qualquer modo, só podemos fazê-lo através dos organismos do governo e com obrigações oficiais. Mas podemos ao menos tentar salvar alguma coisa desses bens dos quais somos os procuradores comuns: o legado da Grécia, de Roma e de Israel, e o legado da Europa nesses últimos 2000 anos. Num mundo que viu tanta devastação material como o nosso, essas posses espirituais também estão em iminente perigo.

FILOSOFIA NA PERSPECTIVA

O Socialismo Utópico
    Martin Buber (D031)
Filosofia em Nova Chave
    Susanne K. Langer (D033)
Sartre
    Gerd A. Bornheim (D036)
O Visível e o Invisível
    M. Merleau-Ponty (D040)
Linguagem e Mito
    Ernst Cassirer (D050)
Mito e Realidade
    Mircea Eliade (D052)
A Linguagem do Espaço e do Tempo
    Hugh M. Lacey (D059)
Estética e Filosofia
    Mikel Dufrenne (D069)
Fenomenologia e Estruturalismo
    Andrea Bonomi (D089)
A Cabala e seu Simbolismo
    Gershom Scholem (D128)
Do Diálogo e do Dialógico
    Martin Buber (D158)
Visão Filosófica do Mundo
    Max Scheler (D191)
Conhecimento, Linguagem, Ideologia
    Marcelo Dascal (org.) (D213)
Notas para uma Definição de Cultura
    T. S. Eliot (D215)
Dewey: Filosofia e Experiência Democrática
    Maria Nazaré de C. Pacheco Amaral (D229)
Romantismo e Messianismo
    Michel Löwy (D234)
Correspondência
    Walter Benjamin e Gershom Scholem (D249)
Isaiah Berlin: Com Toda a Liberdade
    Ramin Jahanbegloo (D263)
Existência em Decisão
    Ricardo Timm de Souza (D276)
Metafísica e Finitude
    Gerd A. Bornheim (D280)
O Caldeirão de Medéia
    Roberto Romano (D283)
George Steiner: À Luz de Si Mesmo
    Ramin Jahanbegloo (D291)
Um Ofício Perigoso
    Luciano Canfora (D292)
O Desafio do Islã e Outros Desafios
    Roberto Romano (D294)
Adeus a Emmanuel Lévinas
    Jacques Derrida (D296)
Platão: Uma Poética para a

Filosofia
  Paulo Butti de Lima (D297)
Ética e Cultura
  Danilo Santos de Miranda (D299)
Emmanuel Lévinas: Ensaios e Entrevistas
  François Poirié (D309)
Preconceito, Racismo e Política
  Anatol Rosenfeld (D322)
Razão de Estado e Outros Estados da Razão
  Roberto Romano (D335)
Lukács e Seus Contemporâneos
  Nicolas Tertulian (D337)
Homo Ludens
  Joan Huizinga (E004)
Gramatologia
  Jacques Derrida (E016)
Filosofia da Nova Música
  T. W. Adorno (E026)
Filosofia do Estilo
  Gilles Geston Granger (E029)
Lógica do Sentido
  Gilles Deleuze (E035)
O Lugar de Todos os Lugares
  Evaldo Coutinho (E055)
História da Loucura
  Michel Foucault (E061)
Teoria Crítica I
  Max Horkheimer (E077)
A Artisticidade do Ser
  Evaldo Coutinho (E097)
Dilthey: Um Conceito de Vida e uma Pedagogia
  Maria Nazaré de C. P. Amaral (E102)
Tempo e Religião
  Walter I. Rehfeld (E106)
Kósmos Noetós
  Ivo Assad Ibri (E130)
História e Narração em Walter Benjamin
  Jeanne Marie Gagnebin (E142)
Cabala: Novas Perspectivas
  Moshe Idel (E154)
O Tempo Não-Reconciliado
  Peter Pál Pelbart (E160)
Jesus
  David Flusser (E176)
Avicena: A Viagem da Alma
  Rosalie Helena de S. Pereira (E179)
Nas Sendas do Judaísmo
  Walter I. Rehfeld (E198)
Cabala e Contra-História: Gershom Scholem
  David Biale (E202)
Nietzsche e a Justiça
  Eduardo Rezende Melo (E205)
Ética contra Estética
  Amelia Valcárcel (E210)
O Umbral da Sombra
  Nuccio Ordine (E218)
Ensaios Filosóficos
  Walter I. Rehfeld (E246)
Filosofia do Judaísmo em Abraham Joshua Heschel
  Glória Hazan (E250)
A Escritura e a Diferença
  Jacques Derrida (E271)
Mística e Razão: Dialética no Pensamento Judaico. De Speculis Heschel
  Alexandre Leone (E289)
A Simulação da Morte
  Lúcio Vaz (E293)
Judeus Heterodoxos: Messianismo, Romantismo, Utopia
  Michael Löwy (E298)
Estética da Contradição
  João Ricardo Carneiro Moderno (E313)
Pessoa Humana e Singularidade em Edith Stein
  Francesco Alfieri (E328)
Ética, Responsabilidade e Juízo em Hannah Arendt
  Bethania Assy (E334)
Arqueologia da Política: Leitura da República Platônica
  Paulo Butti de Lima (E338)
A Presença de Duns Escoto no Pensamento de Edith Stein: A Questão da Individualidade
  Francesco Alfieri (E340)

A Simulação da Morte
Lúcio Vaz (E293)
Judeus Heterodoxos: Messianismo, Romantismo, Utopia
Michael Löwy (E298)
Ensaios sobre a Liberdade
Celso Lafer (EL038)
O Schabat
Abraham J. Heschel (EL049)
O Homem no Universo
Frithjof Schuon (EL050)
Quatro Leituras Talmúdicas
Emmanuel Levinas (EL051)
Yossel Rakover Dirige-se a Deus
Zvi Kolitz (EL052)
Sobre a Construção do Sentido
Ricardo Timm de Souza (EL053)
A Paz Perpétua
J. Guinsburg (org.) (EL055)
O Segredo Guardado
Ili Gorlizki (EL058)
Os Nomes do Ódio
Roberto Romano (EL062)
Kafka: A Justiça, O Veredicto e a Colônia Penal
Ricardo Timm de Souza (EL063)
Culto Moderno dos Monumentos
Alois Riegl (EL064)
A Filosofia do Judaísmo
Julius Guttmann (PERS)
Averróis, a Arte de Governar
Rosalie Helena de Souza Pereira (PERS)
Testemunhas do Futuro
Pierre Bouretz (PERS)
Na Senda da Razão: Filosofia e Ciência no Medievo Judaico (PERS)
Rosalie Helena de Souza Pereira (org.) (PERS)
O Brasil Filosófico
Ricardo Timm de Souza (K022)
Diderot: Obras I – Filosofia e Política
J. Guinsburg (org.) (T012-I)
Diderot: Obras II – Estética, Poética e Contos
J. Guinsburg (org.) (T012-II)
Diderot: Obras III – O Sobrinho de Rameau
J. Guinsburg (org.) (T012-III)
Diderot: Obras IV – Jacques, o Fatalista, e Seu Amo
J. Guinsburg (org.) (T012-IV)
Diderot: Obras V – O Filho Natural
J. Guinsburg (org.) (T012-V)
Diderot: Obras VI (1) – O Enciclopedista – História da Filosofia I
J. Guinsburg e Roberto Romano (orgs.) (T012-VI)
Diderot: Obras VI (2) – O Enciclopedista – História da Filosofia II
J. Guinsburg e Roberto Romano (orgs.) (T012-VI)
Diderot: Obras VI (3) – O Enciclopedista – Arte, Filosofia e Política
J. Guinsburg e Roberto Romano (orgs.) (T012-VI)
Diderot: Obras VII – A Religiosa
J. Guinsburg (org.) (T012-VII)
Platão: República – Obras I
J. Guinsburg (org.) (T019-I)
Platão: Górgias – Obras II
Daniel R. N. Lopes (intr., trad. e notas) (T019-II)
Hegel e o Estado
Franz Rosenzweig (T021)
Descartes: Obras Escolhidas
J. Guinsburg, Roberto Romano e Newton Cunha (orgs.) (T024)
Spinoza, Obra Completa em 4 volumes
J. Guinsburg; N. Cunha e R. Romano (orgs.) (T029)
Comentário Sobre a República
Averróis (T30)
As Ilhas
Jean Grenier (LSC)

Este livro foi impresso na cidade de Cotia,
nas oficinas da MetaBrasil,
para a Editora Perspectiva.